Dieses Buch ist MUTTER ERDE gewidmet.

In Dankbarkeit und Liebe.

Inhalt

Dank

Mein größter Dank gilt den Naturwesen, für ihr Vertrauen, ihre Freundschaften und die Abenteuer, welche ich mit ihnen erleben darf. Es ist mir eine Ehre und Freude, diese Geschichten und Berichte zusammentragen zu dürfen!

Ich danke Mutter Erde und dem Großen Geist für das Leben, und meinen Ahnen und Geistführern für ihre Unterstützung.

Selbstverständlich wäre nichts davon möglich geworden ohne meine liebe Familie. Sie sind für mich die wichtigsten Menschen in meinem Leben!

Und dann wäre da noch meine liebe Brigid. Durch ihre unmissverständlichen Bemerkungen, ihren Humor und ihre Freundschaft konnte dieses Buch erst so werden, wie es ist – Danke!

Dank auch an zwei besondere Menschen, Francesca und Tamara, dafür, dass sie ein Teil meines Lebens sind!

Selbstverständlich möchte ich nicht meine lieben Mitmenschen vergessen, die sich immer wieder nach den Fortschritten erkundigt haben. Euch allen danke ich!

Zu guter Letzt geht mein Dank an Gertraud Reichel, die sogleich Feuer und Flamme für mein Manuskript gewesen ist. Wie auch dem ganzen Reichel Verlag für die liebevolle Umsetzung. In meinem Namen und jenen der Naturwesen Danke!

EINLEITUNG

Naturwesen sind fasziniert von schönen Erlebnissen und Geschichten. Eine Leidenschaft, die ich mit ihnen teile. Beides war der Anstoß, ihre Erzählungen aufzuschreiben. Über ihre Gruppierungen und Aufgaben gibt es schon einiges zu lesen. Hier hingegen geht es um ihre Kultur, ihre Lebensphilosophie. So wurde aus diesem Werk auch ein sehr persönliches Buch, um die Individualität der einzelnen Wesen.

Wenn Naturwesen erzählen, tun sie dies mit mehr als „bloßen" Worten. Eine Vielzahl von Bildern, Farben, Gerüchen und Gefühlen bestimmen dabei den Handlungsablauf. Die Worte dienen dann höchstens der Untermalung von wichtigen Dingen. In diesem Fall fiel es mir zu, ihre Informationen in passende Sätze zu kleiden.

Während des Schreibens haben mir die Naturwesen selbstverständlich über die Schulter geblickt und die Arbeit fleißig kommentiert. Waren sie mit einer Passage nicht einverstanden, musste diese abgeändert werden.

Schnell merkt man, dass die Naturwesen gerne Abläufe und bereits Gesagtes wiederholen. Damit wollen sie die Wichtigkeit gewisser Dinge hervorheben. Es liegt aber auch in ihrer Natur, ein wenig so, wie ein Baum immer nach oben wachsen möchte.

Wer also ihre Erlebnisse liest oder zuhört, fühlt sich an unsere Geschichten aus Kindertagen erinnert. Bei den

Naturwesen sind fast alles, was sie sagen, Weisheiten des Lebens. Dennoch gibt es einen bedeutenden Unterschied zwischen ihren und unseren Ansichten. Die Berichte der Naturwesen sind durchzogen von einer Verbundenheit mit der Natur, welche in unserer Kultur leider verloren gegangen ist. Ihre Ansichten mögen bisweilen etwas naiv und sprunghaft wirken, aber gerade um diese Einstellung beneide ich sie. In ihrer Welt gibt es kein Beurteilen anderer Wesen. Und niemals stellen sie in Frage, dass sie ein Teil des Ganzen sind. Wie eine Blume des Lebens oder eine Spirale sehen sie ihren Platz im großen Gefüge. Die Aussage „die Welt mit Kinderaugen betrachten" wird einem bei ihnen wieder deutlich bewusst. Das Innere Kind zum Leben zu erwecken muss nicht heißen, wieder anzufangen mit Puppen zu spielen oder mit Legosteinen. Vielmehr wird die Neugierde und Bereitschaft in jedem Mensch angesprochen, Dinge sehen und erfahren zu wollen, die jenseits der Vorstellungskraft liegen.

Blumenfee

Bevor wir also unser Abenteuer in ihr „märchenhaftes Nachbarland" antreten, bitte ich Sie, liebe Leser darum, das Buch in der vorhandenen Reihenfolge zu lesen (jedenfalls das erste Mal). Es hat seinen Grund, weshalb die Elemente in eben dieser Abfolge aufgeführt sind und auch, warum erst anschließend zwei Wesenheiten ausführlicher zu Wort kommen. Jedes Element hat gewisse Eigenschaften, und einige Aussagen beruhen auf der Tatsache, dass vorherige Kapitel schon gelesen wurden. Vielleicht fallen Ihnen so auch die Unterschiede zwischen den einzelnen Wesenheiten deutlicher auf.

Behalten Sie bitte im Hinterkopf, dass sämtliche Beschreibungen und Aussagen auf meinen persönlichen Erlebnissen beruhen und nicht für jeden Zutreffend sein müssen!

Begleiten Sie mich nun durch die erfrischende und bunte Welt der Naturwesen. Und lassen Sie ihre Erzählungen einmal als das stehen, was sie sind – eine Reise in eine „fremde“ Welt ...

DIE GESCHICHTE VON EIA

Es wird gesagt, dass Eia die erste Tochter der Elemente ist. Es wird auch gesagt, dass Eia aus Feuer, Wasser, Erde und Luft geboren wurde und nun im Äther lebt. Auch wird gesagt, dass Eia das schönste Wesen weit und breit gewesen sei. Ihre Güte und Liebe zu allem, was wächst, war bis tief in den Äther hinein bekannt. Die Elemente gaben ihrer liebreizenden Tochter den Namen Eia, zu Ehren ihrer Mutter Erde, Gaia.

Die hübsche Eia war zudem eine gute Freundin von Mutter Erde, und in jenen fernen Tagen war es oft üblich, dass sie zusammen spazieren gingen. Damals hatte es noch nicht dieselbe Vielfalt an Leben auf der Erde gegeben. Abgesehen von den Elementen, Eia und einigen ersten Pflanzen und Steinen war der Rest eher kahl. Dennoch soll es eine schöne Zeit gewesen sein – so berichten es jedenfalls die vier Elemente.

Mutter Erde liebte ihre Freundin und Tochter über alles. Sie liebte aber auch die Elemente und die kleinen Pflanzen und bunten Steine. Und eines Tages konnte sie nicht mehr untätig zusehen. Die Tochter der Elemente war zu schön. Zu bezaubernd, um in der materiellen Welt leben zu können, denn sobald sie irgendwo vorbeiging, hielt alles seinen Atem an. Hingerissen von Eias Makellosigkeit vergaßen die Pflanzen zu wachsen, die Steine rollten wild umher, das Wasser staute sich und alles kam zum Stillstand.

Lange zauderte Mutter Erde Eia davon zu erzählen. Die schöne Eia war zutiefst erschüttert, und auch wenn es sie sehr traurig machte, so erkannte sie doch die Wahrheit dahinter.

Es wird erzählt, dass Eia danach die grobstoffliche Welt verließ und in den Äther zog, aus dem alles stammt. So wie einst ihre Eltern, die vier Elemente, aus dem Äther geboren waren, so ging sie dahin zurück. Vom Äther wurde sie mit offenen Armen empfangen, denn lange schon hatte dieser sie beobachtet und sich in die reizende Eia verliebt. Anfangs ignorierte Eia sein Werben. Ihr Herz schlug noch immer unten, auf Mutter Erde, und sie wäre lieber dorthin zurückgekehrt. So aber wechselten sich Sonne und Mond unzählige Male ab, und Eia lernte den Äther näher kennen, bis sie eines Tages feststellte, dass auch sie sich in den Äther verliebt hatte. Kurz darauf heirateten beide und es wurde ein wundervolles, rauschendes Fest.

Selbst Mutter Erde verließ ihre Wohnstatt für diese Zeit und freute sich, ihre liebste Freundin und Tochter so glücklich vorzufinden. Dennoch war ihr Wiedersehen mit Trauer verbunden. Sobald ihre Mutter den Äther wieder verlassen hatte, wurde Eia bewusst, wie sehr sie das Leben auf der Erde noch immer vermisste. In ihrer jetzigen Form aber konnte sie nicht mehr zurück. Sie hatte sich entschieden, zum Wohl der Erdbewohner fortzugehen, und hatte dafür ihren physischen Körper aufgeben müssen. Aber auch Mutter Erde war betrübt, denn mit Eia hatte sie eine wahre Freundin verloren.

Fortan lebte die schöne Eia hin- und hergerissen zwischen ihrer Freude am neuen Leben und der Trauer um den Verlust der einstigen Tage. Ihr Gemahl tat sein Möglichstes, um sie von ihren Sorgen abzulenken, und doch weinte Eia viel.

Eines Tages aber geschah etwas, was Eias, Mutter Erdes und das Leben des Äthers stark veränderte. Eia wurde schwanger und die Kinder, welche sie gebar, waren die ersten Naturwesen. Es waren dies ganz besondere Wesen, zart und flüchtig wie der Äther, aber auch stark und fest wie die Elemente. In ihnen vermischten sich alle Dinge und ermöglichten es den Naturwesen, innerhalb der Welten wechseln zu können. Denn anders als ihre Mutter waren die Kinder nicht mehr an den Äther gebunden und konnten in den Zwischenbereich (die Astralwelt) steigen.

Als die Naturwesen dies taten, verliebten sie sich augenblicklich in die Wunder von Mutter Erde – ein edles und blühendes Geschöpf mit diesem Reichtum an Leben und Farben. So beschlossen die Naturwesen fortan hier zu bleiben und Mutter Erde zu helfen, ihren Garten zu pflegen. Nicht nur Gaia war darüber sehr glücklich und froh, emsige Helfer zu haben, sondern auch Eia. Denn nun konnte sie durch die Augen ihrer Kinder die Erde fast wieder so sehen wie in alten Tagen, als sie auf ihr gewandelt war.

Es wird gesagt, dass die Naturwesen die Kinder von Eia und dem Äther sind. Auch wird gesagt, dass die Naturwesen die Kinder von Mutter Erde sind. Beides ist richtig, denn Eia wurde aus den vier Kindern von Mutter Erde geboren. Also sind die Naturwesen wirklich die Kinder von Mutter Erde, dem Äther und den Elementen, welche sie noch heute bewohnen. So gab sich am Ende alles die Hand und die Spirale konnte weiter wachsen ...

Wer sind die Naturwesen?

Das Wissen um die Naturwesen ist tief in der menschlichen Kultur verankert. Rund um den Globus tauchen sie in Märchen, Sagen und Legenden auf; all die Feen und Elfen, Zwerge und Kobolde, Riesen und Dämonen, „einfache“ Geister, Meerjungfrauen und Flaschengeister ... Wohl tragen sie unterschiedliche Namen und werden den Regionen entsprechend beschrieben, aber ihr Wesen und ihre Charaktere ähneln sich stark. Sie können freundliche Wegbegleiter, hilfreiche Lehrer, listige Gefährten, irreführende Witzbolde und manchmal auch etwas finstere Gesellen sein.

Ob diese Wesen nun einer blühenden Fantasie oder der Wirklichkeit entspringen, sei für jeden selbst zu entscheiden. Die Auffälligkeiten aber, mit denen diese sogenannten Sagengestalten sich gleichen, lassen sich nicht leugnen. Irgendwoher müssen alle diese Vorstellungen stammen, und wenn nicht von den Naturwesen direkt, woher dann?

Wollen wir nun aber erklären, wer die Naturwesen eigentlich sind, stehen wir vor einem Hindernis. Diese Frage ist in Worten fast nicht zu beantworten, denn wie alte Überlieferungen besagen, sind diese Wesen (oftmals) nicht sichtbar, geschweige denn greifbar. So wollen wir erst einmal zu verstehen versuchen, „wie“ ihre Welt aufgebaut ist.

Die nachfolgenden Erklärungen beruhen auf meinen persönlichen Erfahrungen und Mitteilungen der Naturwesen. Es ist wichtig, im Hinterkopf zu behalten, dass jeder Mensch diese Dinge anders wahrnehmen kann und meine Beschreibung nur eine von vielen ist. Zum besseren Verständnis kann man sich die verschiedenen Welten auch pyramidenförmig vorstellen – stoffliche Welt, feinstoffliche Welt, Ätherwelt.

Unsere Welt, wie wir sie kennen, besteht nicht nur aus der grobstofflichen Materie, in der wir Menschen leben. Als Mensch brauchen wir Dinge, die wir aufnehmen und anfassen können, wenn wir überleben wollen. Dabei handelt es sich um Stoffe wie Nahrung, Flüssigkeit oder auch der Boden unter unseren Füßen. Wir bewohnen also die grobstoffliche Materie oder die *sichtbare* Welt. Hier möchte ich nun nicht weiter verweilen, denn es ist nicht die Ebene, in welcher die Naturwesen tätig sind. Die Auswirkungen der Naturwesen sind zwar auf unserer stofflichen Ebene deutlich sichtbar, dennoch bewohnen sie selbst eine andere Sphäre.

Neben unserer grobstofflichen Ebene gibt es aber noch eine feinstoffliche oder *unsichtbare* Sphäre. Und wie bei fast allem gibt es auch in der feinstofflichen Welt endlose Abstufungen oder Ebenen, mit denen wir uns hier nicht länger aufhalten wollen. Wichtig für uns und die Naturwesen sind zwei Welten; nämlich die Ätherwelt und die Astralwelt. Es sind Ebenen der Sinne und Gefühle, man könnte sie auch als Seelenebenen betrachten.

Die Naturwesen selbst bewohnen primär die Astralwelt. Dennoch möchte ich erst kurz auf die Ätherwelt zu sprechen kommen.

Die Ätherwelt (siehe auch Kapitel: „Äther“) ist der Ursprung allen Lebens, also auch der Naturwesen wie auch der Menschen, Tiere und Pflanzen. Von dieser Ebene aus werden sämtliche Abläufe koordiniert, gesteuert und entworfen. Für die Naturwesen ist diese Ebene, welche alles Leben durchdringt, so real wie für uns ein Baum oder ein Stein. Für uns Menschen allerdings ist die Ätherwelt

„weiter“ entfernt als die Astralwelt. Um also in der Ätherwelt „wandern“ zu können, bedarf es für einen Menschen einer intensiven Auseinandersetzung mit dem Höheren Selbst, also der eigenen Seele.

Die Astralwelt „liegt“ so gesehen näher an der grobstofflichen Materie und demnach auch „unter“ der Ätherwelt. So ist es für uns Menschen in der Regel einfacher, die Astralwelt zu erkennen als die Ätherwelt.

Aus menschlicher Sicht befindet sich die Astralwelt direkt „nebenan“. Am einfachsten stellt man sich vor, sie würde sich hinter einer Glasscheibe befinden. Diese Scheibe ist je nach Mensch anders beschaffen: sie kann schmutzig und schalldicht sein, verschwommen oder zerkratzt, oder aber auch mehr eine Art Vorhang, der willentlich zur Seite geschoben werden kann. Es kommt also auf den Zustand dieser Trennscheibe an, ob ein Mensch mit den Naturwesen in Kontakt treten kann und will (wie im späteren Kapitel: „Die zahlreichen Gesichter der Naturwesen“ ausführlicher erklärt).

Nun möchte ich noch erklären, wieso ich das Wort „Naturwesen“ benutze. Vielerorts werden diese Wesen als Naturgeister oder Elementarwesen beschrieben. Ich habe der Einfachheit halber den Oberbegriff Naturwesen gewählt. Dies umfasst somit sämtliche Naturgeister, Elementarwesen und sonstige Wesen, welche Mutter Erde bevölkern. Schließlich kann man den Pan oder einen Drachen wohl schwer als „Geist“ bezeichnen. Dennoch werden sich einige der Wesen wie Feen und Elfen als Naturgeister vorstellen, weil sie eben genau dies sind.

Die Heimat der Naturwesen

Somit hätten wir geklärt, dass die Naturwesen in der Astralwelt zu Hause sind. Aber auch andere Wesen tummeln sich hier. Sehr oft sind hier auch die Schutzengel anzutreffen, denn von dieser Sphäre aus ist es leichter für sie, mit Menschen in Kontakt zu treten, als von der Ätherwelt aus.

Auch Verstorbene, die teilweise noch hier „verweilen", können sich über die Astralwelt melden. So können Jenseitskontakte entstehen. Natürlich gibt es hierzu viele Theorien und wie bei fast allen Dingen kann es von Fall zu Fall unterschiedlich sein.

Abgesehen davon gibt es auch einige „Gastbewohner", die für die Dauer ihrer Aufgaben in der Astralwelt verweilen können; wie z. B. Drachen, Einhörner, Phönixe, aufgestiegene Meister, Naturwesen anderer Kasten oder auch Bewohner der Ätherwelt.

In der Astralwelt selbst gibt es nochmals unzählige Unterteilungen und Richtungen, über die wir uns aber keine Gedanken machen müssen. Manchmal verursachen sogar die Naturwesen ein Durcheinander und „springen" durch eine falsche Tür. Dies führt dann dazu, dass sie gelegentlich in der grobstofflichen Welt landen und von den Menschen sogar mit bloßem Auge gesehen werden können. Für die Naturwesen ist das nicht sonderlich angenehm, da ihre feinen Körper zu leicht für unsere schwere Welt sind.

Wir wissen jetzt, dass die Naturwesen nicht aus demselben Material wie wir Menschen bestehen. Ihre Struktur ist ähnlich der der Luft, die wir zwar einatmen, aber nicht greifen oder sehen können. Deshalb sind die Naturwesen aber keinesfalls zu unterschätzen, denn auch die Luft kann gewaltige Stürme hervorrufen. Wenn die Naturwesen es wollen, können sie sich grobstofflich bewusst bemerkbar machen. Sei dies mit Hilfe von Berührungen, Geräuschen, Bildern oder Gerüchen (siehe auch Kapitel: „Die zahlreichen Gesichter der Naturwesen“).

Bevor wir uns nun den Aufgaben der Naturwesen zuwenden, muss noch gesagt werden, dass diese Welten nicht in Worten beschrieben werden können. Niemand kann sagen, wie sie genau aussehen oder woraus sie wirklich bestehen. Wie unsere Welt sind auch diese Sphären einem beständigen Wandel unterworfen, nur dass es in der Astralwelt und Ätherwelt um einiges schneller geht. In der grobstofflichen Welt geschehen die Veränderungen schleichend, so wie Pflanzen wachsen. Hierbei können wir Menschen eine Menge von den Naturwesen lernen, denn sie wollen und können gar nicht immer alles wissen. Es ist für sie ein Leichtes zu akzeptieren, dass es Dinge gibt, die keine Seele, kein Geist jemals wirklich erfassen kann. Und gerade dank dieser Einstellung kennen sie Details, die unsere Vorstellungskraft übersteigen.

Die Aufgaben der Naturwesen – Gespräch mit einem Tannengeist

Unter den Aufgaben der Naturwesen verstehen wir hier ihr Wirken, ihre Arbeit, ihre Denkweise und ihr Leben im Allgemeinen. Ihr ganzes Sein richtet sich nach ihrer persönlichen Lebensaufgabe. Die Naturwesen **sind** ihre Lebensaufgaben! So verwundert es nicht, wenn ihre Erzählungen und Berichte von dieser Einstellung stark geprägt sind.

Während wir Menschen nur während einer gewissen Zeitspanne arbeiten und nebenbei noch ein Privatleben führen, kennen die Naturwesen diese Unterteilung nicht. Für sie ist ihre Aufgabe Leben, Freude, Liebe und Seinszustand zugleich. Wir Menschen müssen verstehen, dass für die Naturwesen ihre Aufgabe „über allem" steht. Sie ist der Grund ihrer Existenz, ihr Ansporn, ihr Lebensinhalt. Es durchdringt ihr ganzes Denken, Fühlen und Handeln. Es ist für sie selbstverständlich, dass jedes Wesen in ein ganz bestimmtes Handwerk „hineingeboren" wird. Durch diesen Unterschied zum menschlichen Leben erscheinen einem gewisse Abläufe in den Geschichten der Naturwesen als fragwürdig oder sehr einfach und fast so, als hätten die Wesen gar keine andere Wahl. Zum Glück ist dies nicht der Fall. Die Naturwesen haben sehr wohl eine Wahl, was auch schön in der ersten Geschichte („Der Steinriese, der seine Aufgabe nicht mochte") erklärt wird.

Meiner Meinung nach ist dies einer der größten Unterschiede zwischen den Naturwesen und uns Menschen, abgesehen davon, dass sie keine festen Körper besitzen. Die Naturwesen kennen ihren Platz auf dieser Welt. Sie wissen um ihre Aufgaben und folglich auch um ihre Stärken und Schwächen. Auch sind ihnen die Regeln von Mutter Erde bekannt. Es sind dies weniger Gesetze, wie wir Menschen sie haben, sondern vielmehr Richtlinien, die einen großen Spielraum für individuelle Anpassungen lassen. So wächst ein Baum immer nach oben, aber niemand schreibt ihm dabei vor, dass er dies geradlinig tun muss. Es steht ihm frei, krumm, verknotet, gegabelt oder wie auch immer er es möchte, gegen den Himmel zu gedeihen.

Und hier kommen auch die Naturwesen ins Spiel. Sie sind unter anderem auf der Erde, um den Pflanzen und Bäumen beim Wachsen zu helfen, sie gesund zu halten und den einzelnen Wurzeln den Weg zum Wasser zu erleichtern. Dazu braucht es natürlich auch all die Zwerge und Kobolde, welche emsig ihre Tunnel graben und so den Erdboden auflockern. Dank dieser Auflockerung fällt es auch den Wassergeistern leichter, zu den einzelnen Wurzeln der Bäume und der Pflanzen zu gelangen. Und so geht es endlos weiter. Ein Wesen reicht dem anderen seine Hand und sie erschaffen so einen eigenen Zyklus, wie eine Spirale, welche unaufhörlich wächst und sich ausdehnt. Die Perfektion ist ihr Ansporn. Deshalb sind die Übergänge der einzelnen Aufgaben durch die verschiedenen Naturwesen fließend, so dass sie oft nicht mehr wahrgenommen werden.

Es wäre verheerend, wenn die Naturwesen plötzlich ihre Aufgaben niederlegen würden. Wer kümmert sich dann um die frische Luft, um das Wachsen der Pflanzen, darum, dass das Wasser sauber fließen kann und die scheinbar stummen Dinge beseelt werden? Wer würde dann den Tieren helfen, für sie sorgen und über ihre Sicherheit wachen?

Würde man sämtliche Aufgaben der Naturwesen aufzählen wollen, stieße man schnell an seine Grenzen, denn es gibt deren mehr an ihrer Zahl als wir Zahlen selbst kennen. Und jedes einzelne Wesen von ihnen ist wichtig. Jedes einzelne von ihnen ist einzigartig.

Der Geist einer alten Tanne hat sich bereiterklärt und berichtet uns nun in seinen eigenen Worten ein wenig aus seinem Alltagsleben. Tannengeister sind stark auf ihr eigenes Ökosystem konzentriert und so ist es auch schwieriger, mit ihnen Kontakt aufzunehmen. Über ihre spirituellen Aufgaben erzählen sie meist sehr wenig bis gar nichts. Dennoch haben sie eine kräftige Präsenz und ihre Gegenwart hat heilende Auswirkungen auf unsere Lungen.

Tannengeist:

„Geboren wurde ich aus Liebe und Dunkelheit. Meine Mutter hat mich in ein winzig kleines Etwas gesteckt. So harrte ich, vergraben in ihrem dunklen Leib, wusste nicht, wer und was ich war. Ich schlief viel, sammelte Kräfte und versuchte mich zu orientieren. Zu Beginn sind auch wir Naturwesen etwas hilflos, so, wie ihr Menschen es als Babys seid. Allerdings kann unser Zustand nicht so ganz mit dem eurigen verglichen werden. Ich erinnere mich gerne an diese Dunkelheit zurück, denn in ihr lernte ich zuzuhören. Die Erde ist voller Leben und überall wispern und lachen seine Bewohner. Gelegentlich kamen einige Zwerge vorbei und lockerten die Erde um mich herum etwas auf und erklärten mir, dass ich nach oben wachsen müsse. Als dies aber nicht ging, tauchten zarte Dryaden auf. Sie trugen frische Wassertropfen in ihren Händen und besprühten mich damit, denn sie sind dafür zuständig, dass wir Bäume genügend Wasser haben. Was für eine Wohltat das gewesen ist. Nun konnte ich wachsen. Ich begann mich zu recken und zu strecken, wurde neugierig auf die Welt über mir.

Beim Durchbrechen der Oberfläche halfen mir wiederum die Zwerge. Mit ihren Hacken ließen sie die ersten Sonnenstrahlen durch und dann hörte ich das Singen. Viele, viele Feen und Elfen sangen Lieder, begrüßten mich hier oben. Die Lieder erzählten von meinem neuen Zuhause, vom Wald und meinen Nachbarn. Dann kamen die anderen Baumgeister, die gerade um mich herum wuchsen. Sie zogen mich hoch und hießen mich in ihrer Mitte willkommen. Was das für ein Fest gewesen ist ...

Ihr müsst wissen, dass ich die Tanne bin. So wie ihr von einem Geist beseelt seid, sind auch die Bäume beseelt, nämlich von uns. Wir Tannen sind Nadelbäume und als solche unterscheiden wir uns von anderen Baumarten. Wir leben, denken und wachsen in der Gemeinschaft. Wir mögen die Nähe und Gedrängtheit zueinander, das Geflecht unserer Wurzeln und die steilen Berghänge. Unser Zusammenhalt gibt uns Kraft.

Die ersten Jahre kümmerte ich mich um nicht vieles mehr als zu wachsen. Ich lernte von den älteren Tannengeistern, was die Aufgaben einer Tanne sind. Bald konnte ich mit meinen Ästen die ihren berühren – nun war ich wahrlich ein Teil der Gesellschaft. Und jeden Frühling kamen die Rehe und aßen meine frischen Triebe weg. Nun ja, ich ließ sie gewähren. Es sind schöne Tiere und nicht undankbar. Sie lassen einem immer die Hälfte übrig und außerdem kommen sie bei uns alten Bäumen oft nicht einmal mehr an die untersten Äste.

Je größer ich werde, umso mehr Gäste habe ich. Ameisen und andere Insekten klettern bis an meine Spitze. Ich mag ihr Gekrabbel, denn sie putzen mir gleichzeitig noch meine Rinde. Und irgendwie mögen sie meine Rinde auch.

Ich wachse, wir wachsen, immer weiter und höher hinauf. Unsere Wurzeln greifen gut in die kargen Böden, haften sich an Felsen fest, halten den Hang zusammen. Mit jedem Jahr werde ich schöner und stattlicher. Und je höher ich komme, desto mehr habe ich den Überblick und umso nützlicher bin ich für unsere Gemeinschaft.

Viele Luftgeister kommen, um sich auf mir auszuruhen, und streichen dabei ihren Schmutz an mir ab. Das erste Mal war ich darüber sehr empört, bis mir erklärt wurde, dass ich die Kraft hätte, alles wieder zu reinigen. Dadurch, dass ich mit der Erde verbunden bin, kann ich ihre Nährstoffe immer erreichen. Es ist ein aufwendiges Unterfangen und soweit mir bekannt ist, haben eure sogenannten Wissenschaftler eine gute Erklärung dafür gefunden.

Natürlich mögen wir die Sonne. In ihrem Licht zu stehen ist wunderschön; es ist voller Kraft und Energie. Ihr seht, wir sind also ein kurzer Zwischenstopp für die Luftgeister, und sobald wir ihren Schmutz wieder in reinen Stoff gewandelt haben, ziehen sie weiter. Ich persönlich mag die Sylphen. Sie sind so leicht und lustig, wenn auch manchmal etwas nervös. Aber sie haben es nicht einfach, die armen Kleinen. Immer mehr von ihnen gehen an all dem Schmutz zugrunde, verlieren sich darin, und wir sind zu wenige, um allen helfen zu können ...

Was mache ich, was machen wir, sonst noch ... Vögel und Eichhörnchen leben mit uns und sorgen dafür, dass die Insekten nicht unsere ganze Rinde essen. Dafür essen die Eichhörnchen unsere schönen Zapfen. Aber auch die lassen wir gewähren. Sie sind viel zu frech und zu hübsch, als dass wir es ihnen übelnehmen könnten. Und lustig mit ihren buschigen Schwänzen sind sie dazu.

Wenn es regnet, halte ich mit meinen Baumfreunden den Erdboden zusammen und helfe den Dryaden beim Verteilen des Wassers an alle Pflanzen. Selbstverständlich behalte ich einen großen Teil immer für mich selbst, schließlich habe ich genügend Mäuler zu stopfen. Bei Sturm biete ich vielen Tieren Schutz. Die Sturmgeister sind mir manchmal etwas zu hektisch und sie können nie still stehen für ein kurzes Schwätzchen. Dafür helfen sie den Luftgeistern sich zu erholen, und sie bringen immer neue Geschichten aus fernen Ländern mit.

Wir Tannen mögen die Stille und die Routine, wir mögen die Ruhe der Berge und den weiten Himmel über uns.

Im Winter sorgen wir dafür, dass der Boden nicht ganz zufriert, denn sonst haben es die armen Erdbewohner gar zu kalt. Außerdem bieten wir vielen Tieren Schutz vor Schnee und Eis. Vom Winter habe ich nicht allzu viele Erinnerungen. Diesen verbringe ich in einer Art Dämmerzustand, sammle Kraft für den Frühling. Andere Bäume wie die Buchen und Eichen, die ihr ganzes Laub abwerfen, schlafen sogar noch tiefer als wir Tannen. Wir aber mögen den Schnee und die Kälte, dann ist es so friedlich. Dann kann man wunderbar träumen ...

Das ist ungefähr das, was ich tue. Nebenbei bin ich, wie alle meine Baumfreunde, ein Wissenshüter. Ihr könnt mich mit einer Bibliothek vergleichen und wer höflich fragt, der bekommt vielleicht eine Antwort. Es gibt so vieles, was wir wissen und gerne mit der Welt teilen, aber dafür muss man die richtigen Fragen stellen ...“

ZEITGEFÜGE

„Gestern, Heute, Morgen – für mich sind dies alles Begriffe. Unwichtig und begrenzt. Das mag ich nicht. Jetzt, Hier, Alles, Überall – so ist mein Leben“, sagte die schöne Buche mit ihrer tiefen Bassstimme. Sie war schon alt, die silbern schimmernde Dame, und ich noch ein kleines Mädchen damals. Ich verstand, was sie mir damit sagen wollte, und habe es bis heute nicht vergessen. Es begleitet mich durch mein Leben, macht es leicht und fröhlich.

Die Bäume haben ihre eigene Art zu kommunizieren. Sie teilen sich mit noch viel weniger Worten mit als die anderen Naturwesen. Tiefgründig und weise sind die Baumgeister. Ihre Beschreibungen sind kurz und zutreffend, jedes Wort hat sein Gewicht und ist mächtig. Folglich wird zuerst nachgedacht, ehe ein Baumgeist spricht, und dann tut er oder sie es in einigen wenigen Sätzen und alles ist gesagt. Man muss es mögen, ihre Eigenheit, und sich darauf einlassen. Baumwesen sprechen gerne und auch viel, nur in einem anderen Tempo, als wir das gewohnt sind. Ein Baum kann viele hundert Jahre alt werden, er kennt keine Eile. Sorgfältig und gewissenhaft wächst er jedes Jahr ein kleines bisschen mehr. Für ihn ist jeder Augenblick unersetzbar, einzigartig.

Wenn du an einen Baum mit einer Frage herantrittst, so hört er sich diese an. Dann denkt er darüber nach, wie dir am besten geholfen werden könnte. Aus der Sicht eines Menschen kann dies schon einmal Stunden dauern. Man kann in der Zwischenzeit also beruhigt einen Spaziergang machen oder gleich am nächsten Tag nochmals vorbeikommen. Die Ratschläge eines Baumes sind aber auch nicht immer gleich verständlich. Denn am Ende sind sie nicht da, um einem das Denken abzunehmen, sondern um es zu erweitern.

Bevor wir uns also den Geschichten der Naturwesen zuwenden, gibt es noch etwas Wichtiges zu beachten: die Zeit.

Naturwesen kennen keine Stunden oder Daten wie wir. Sie kennen die Sonnen- und Mondphasen, Frühling, Sommer, Herbst und Winter. Wenn es regnet, dann regnet es und hört erst wieder auf, wenn es vorbei ist. Wenn die Sonne scheint, dann scheint sie wunderschön, bis sie nicht mehr scheint. So einfach ist das Leben in ihren Augen. Der Moment wird gelebt und geschätzt.

Nicht nur hat dies eine herrliche Auswirkung auf ihr Sein, sondern auch auf ihre Geschichten und Ansichten. Überanstrengung ist ein Wort, das die Naturwesen gar nicht verstehen. Ein solcher Zustand existiert in ihrem Leben nicht. Natürlich kennen sie geschäftiges oder nervöses Herumeilen, aber meistens nur im Frühling. Sie lieben ihre Arbeit, wieso sollte dieser Umstand ihnen also Mühe bereiten?

Zwetschgengeistchen

Beim Niederschreiben ihrer Erzählungen haben sich manch lustige und knifflige Situationen ergeben. Schließlich konnte ich nicht einfach schreiben: Er stieg auf den riesigen Berg, sprach mit dem Windgeist und wurde ein anderer Mensch. Dazwischen „fehlten" mir sämtliche Zeitangaben und Gespräche. Für die Naturwesen spielt es keine wirkliche Rolle, ob jemand ein, zwei oder zehn Jahre braucht, um etwas zu erreichen. Das Erreichen an sich zählt.

So habe auch ich bewusst auf solche Zeiteinteilungen verzichtet. Wann immer möglich, benutzte ich Begriffe wie „nach einer Weile“, „Tage oder Zyklen später“ und nur ganz selten gebe ich eine Zahl an. Es ist wirklich fast ein wenig wie in unseren Märchen und diese beginnen traditionell mit *Es war einmal...*

ERZÄHLUNGEN UND BERICHTE VON NATURWESEN

„In den Märchen sehe ich eines eurer größten Vermächtnisse, denn sie setzen dort an, wo euer Verstand und eure Vernunft enden und wo Träume geboren werden.“

– Pan

ERDE

Unter und über Tage bei Zwergen, Riesen und beim Efeu

Braun, schwer, dicht, dunkel, warm, kalt, feucht, beständig. Von allen Elementen ist die Erde das greifbarste für uns Menschen. Die Erde schenkt uns Halt und Sicherheit, ein Zuhause, den Boden unter unseren Füßen und Nahrung. Aus dem dunklen Leib von Mutter Erde wird das Leben geboren und genau wie Samen wachsen auch wir heran, eingehüllt im geborgenen Mutterleib.

In ihrer Beständigkeit liegt die größte Kraft der Erde, ganz ähnlich den Elementarwesen dieses Elementes. Augenscheinlich mögen all die Riesen, Zwerge oder Kobolde eher grobschlächtig, laut und bisweilen etwas plump wirken. Aber hier sollte man unter die dicke Schale blicken und die gütigen Herzen entdecken. Den Erdgeistern ist Stabilität und ein Rückzugsort, ein Zuhause, sehr wichtig. Sie sind eher gemütliche Naturen und das Familienleben ist für sie zentral. Stets reichlich Essen und Trinken zu haben gehört für sie ebenfalls zum guten Ton.

Laut, mürrisch und sehr nachtragend können diese Wesen sein. Auf der anderen Seite aber findet man unter ihnen die geduldigsten, sanftesten und fröhlichsten Gefährten. Stur wie ein Felsbrocken, aber ebenso treu können sie sein.

Das Akzeptieren, wer man ist, seine Aufgaben gewissenhaft erfüllen und den eigenen Tempel ehren – dies sind Dinge, welche die Erdgeister einen lehren. So gut wie diese Wesen für Mutter Erde sorgen, so gerne kümmern sie sich auch um sich selbst. Fördern und dankbar sein, für das, was man hat, ist ihre Leidenschaft. Durch sie kann der Mensch seinen Körper als das erkennen, was er ist: unser Tempel auf Erden, unsere eigenen vier Wände. Und dass wir das Recht haben, selbst entscheiden zu dürfen.

Tief unter der Erde, fern aller alltäglichen Geräusche, umgeben von Dunkelheit und dem sanften Herzschlag von Mutter Erde in den Ohren, findet man Ruhe und Zufriedenheit. Oder wie die Erdgeister sagen würden: *„Fern aller Hektik von oben findest du hier das wahre Leben. Gute Gespräche und feine Gesellschaft. Der Geruch von brennenden Kräutern steigt aus den Pfeifen hoch, während du hier das Leben miterleben kannst.“*

Der Steinriese, der seine Aufgabe nicht mochte

In jedem Buch gibt es einen Abschnitt, der durch eine Besonderheit hervorsticht: *Es war der Anfang.* So auch hier. Es ist weniger eine Geschichte, dafür mehr ein persönliches Erlebnis und zugleich eine Art Prüfung. Als ich mit dem Gedanken spielte, ein Buch mit den Naturwesen zu schreiben, schickten diese mich erst einmal zu Hacok. *„Hör ihm aufmerksam zu, und wenn dich glücklich macht,* *was du hörst, dann werden wir sehr gerne mit dir arbeiten.“*

Gesagt, getan. Ich ließ meinen Geist wandern und machte mich auf die Suche nach Hacok, dem Steinriesen. Ich fand ein wundervolles Wesen voller Liebe und Freude, und tief berührt wollte ich diese Empfindungen mit anderen teilen.

„Zum höchsten Berg musst du gehen und die letzten Bäume hinter dir lassen. Von dort weiter bis zur höchstgelegenen Quelle und dann bis zur Grenze, wo Weiß über Grün herrscht und das Reich von Hacok, dem Steinriesen, beginnt.

Neblig und kalt, windig und eisig ist die Heimat von Hacok. Der glitzernde Schnee ist dort Dauergast, und wenn er manchmal an einigen Stellen zurückweicht, dringt dort blanker Fels hervor. Die Welt dort oben ist in grau, weiß und schwarz gehalten. Nur der blaue Himmel bringt gelegentlich eine Ahnung von Farbe an jenen einsamen Ort.

Wenn du also den Mut aufgebracht hast, bis dort ganz hoch zu steigen, so erwartet dich ein finsterer Schlund und eine grobe Treppe in Fels gehauen, welche dich noch ein kleines Stück aufwärtsbringt. Weit in die pechschwarze Höhle musst du gehen, ehe schwacher Feuerschein dir deinen Weg etwas erhellt. Es gibt keine Türe ins Haus von Hacok, dem Steinriesen, denn außer vereinzelten Windstößen verirrt sich fast nie jemand hierher.

Betrittst du nun den letzten Abschnitt der Höhle, bleibt für einen Augenblick dein Energiestrom stehen. Zu deinen Füßen breitet sich dir ein richtig kuscheliges Nest aus. Viele Felle sind am Boden und an den Wänden platziert, Kerzen brennen in schmucken Halterungen, Kräuter baumeln von der Decke und neben einem geräumigen Kochherd steht ein grober Holztisch mit einigen Stühlen. Sogar einige bunte Bilder hängen etwas verloren an den grauen Steinwänden. Munter brennt ein Feuer in der Mitte und in einer versteckten Ecke kann man eine gemütliche Schlafnische entdecken.

Bist du bis hierher gekommen, so wirst du von einem großen Riesen mit Haut wie trockener Stein begrüßt. Monströs wirken seine Hände, wie Pranken, und doch wollen sie dich nur herzlich willkommen heißen. Ein kurzes, aber kräftiges Drücken und schon wirst du zu einem Stuhl geleitet. Das Gesicht von Hacok, dem Steinriesen, sieht alt und runzelig aus und aus dieser etwas unförmigen Masse strahlen dich ein paar braune, freundliche Augen an. Eine dicke, schiefe Nase dominiert sein zerfurchtes Gesicht.

Ob du Hunger hast und durstig bist, wirst du sogleich von Hacok gefragt. Natürlich bist du das, schließlich hast du gerade den gewaltigsten Berg der Welt erklommen. Das Essen ist schnell auf dem Tisch, dazu folgen ein fein duftender Tee und zum Schluss noch etwas Stärkeres – zur Feier deines Besuches.

Wenn du dich hier so umblickst, kommt es dir schwer vorstellbar vor, dass du gerade dort bist, wo du eben bist. Und noch seltsamer mutet dir an, dass Hacok als junger Spund doch tatsächlich von hier fort wollte. Sich diesen Ort ohne den Steinriesen vorzustellen, ist ein Ding der Unmöglichkeit.

Wie es Brauch ist, fragst du Hacok, den Steinriesen, nach seinem größten Abenteuer. Der Riese erzählt gerne davon, immer und immer wieder, denn genau wie die Steine kaum sichtbar wachsen, so lange dauert es, bis

Hacok genug von seiner Geschichte haben wird. Demnach haben wir noch eine kleine Ewigkeit Zeit.

Hacok zündet sich eine riesige Pfeife an und bietet auch dir eine kleinere an. Es wäre äußerst unhöflich, diese abzulehnen, hat der Steinriese doch so gut wie nie Gesellschaft beim Rauchen.

‚Ich war damals noch keine fünfhundert Zyklen alt', beginnt er mit seiner Bassstimme. Er hat extra für uns nach einer plausiblen Zahl gegriffen. Die Naturgeister untereinander tun dies nie. ‚Zu jener Zeit', fährt Hacok leidenschaftlich fort, „hatte ich genug von meinem einsamen Leben hier oben. Natürlich lag es nicht an der Langeweile, denn zu tun hatte ich wahrlich genügend. Wenn du so hoch oben auf einem Berg lebst, musst du ständig auf das Gestein aufpassen, dass es sich nicht plötzlich löst und ins Tal hinunterdonnert. Manchmal kommst du aber zu spät und manchmal kannst du auch die Steine nicht mehr beschwichtigen – dann wollen diese nur noch frei hinunterpurzeln. Das scheint ihnen großen Spaß zu machen. Nicht das Zerstören auf dem Weg hinab natürlich, sondern einfach nur das Rollen an sich. Zugleich muss auch auf mögliche Schneelawinen acht gegeben werden. Hin und wieder lasse ich eine frei, aber ständig muss man aufpassen, dass nicht zu viel Schnee hinunterrutscht. Und dann die Bergspitze. Der Berggeist mag es sehr, wenn ich seine Spitze poliere und sie schön halte. Dort, ganz ganz oben, bin ich gerne. Es ist, als könntest du das Dach der Welt berühren ...

Nun denn. Es war vor langer, langer Zeit, als ich an einem Morgen aufwachte und mehr vom Leben außerhalb meines Berges sehen wollte. So packte ich meine sieben Sachen und stieg hinab. Natürlich war der Berggeist alles andere als einverstanden. Er tobte und zeterte und versuchte mich am Gehen zu hindern, aber wir Steinriesen können wirklich sture Brocken sein. So verließ ich den Berg und betrat eine mir völlig unbekannte Welt.

Viele Zyklen zogen ins Land, und ich hatte eine Menge gesehen und erlebt. Dennoch wurde ich nie richtig glücklich. Eine seltsame Unruhe und das Gefühl, fehl am Platz zu sein, bedrückten mich ständig. Nirgends fühlte ich mich zugehörig, bis ich eines Tages einen anderen Steinriesen traf.

In einem weit entfernten Reich hatten die Bewohner mich gebeten, mit dem Berggeist zu sprechen, da die vielen Lawinen und Steine Leben zerstörten. Es kam immer wieder vor, dass der Berg seine Lasten abwarf, aber noch nie zuvor hatte er so beständig gewütet. Also stieg ich hoch, höher und höher, bis ich bei der Spitze ankam. Dort oben war ich alleine, es war ruhig und still, die Luft frisch. Nackter Fels und strahlender Schnee hießen mich willkommen. Ich fühlte mich wohl hier. Irgendjemand musste doch für all dies sorgen, dachte ich mir und machte mich auf die Suche nach dem Hüter.

Bald darauf fand ich ihn, einen Steinriesen, tief schlafend unter einem Felsvorsprung. Ich brauchte ganze drei Tage und Nächte, um ihn endlich wach zu bekommen. Er stellte sich als Nakamu vor, Steinriese und Hüter von diesem Berg, auf welchem wir uns gerade befanden.

‚Warum hast du mich geweckt, Bruder?‘, fragte er mich gähnend.

Ich berichtete, was die Wesen weiter unten mir aufgetragen hatten. Nakamu erschrak darüber aufs Heftigste.

‚Oh weh, oh weh', jammerte er und schlug die Hände vor sein furchiges Gesicht. ‚Ich bin eingeschlafen und nicht mehr aufgewacht. Oh weh, die Armen. Oh weh, der arme Berggeist. Und all die Leutchen, oh weh. Was mussten sie durchstehen, oh weh ...'

Nakamu wollte mit dem Klagen gar nicht mehr aufhören und rappelte sich auf. Geschwind eilte er auf der Bergspitze herum, begann Ordnung in das Chaos zu bringen und die Spitze zu putzen. Mittendrin blieb er stehen und starrte mich verdutzt an.

„Sag mir, Bruder Hacok, was machst du eigentlich hier? Musst du nicht für deinen Berg sorgen?"

Du kannst dir vorstellen, dass mir diese Fragen sehr unangenehm waren, und ob du es glaubst oder nicht, ich wurde rot – rot wie ein Blutjaspis. Dann stammelte ich Nakamu meine Beweggründe vor.

„Oh weh, oh weh", sagte der nur und fasste mich an den Schultern. „Bruder, du solltest zurückgehen. Ich verstehe ja, dass du die Welt sehen wolltest, aber sag mir, bist du so wirklich glücklich?"

Ich verneinte leise.

„Geh nach Hause, Hacok", meinte er freundlich.

Und so nahm ich den beschwerlichen Weg zurück nach Hause auf mich. Lange bin ich fort gewesen und vieles hat sich verändert während dieser Zeit. Tiere und Menschen sind vom Berg fortgezogen, die Hänge voll von Geröll und Schutt, die Spitze geknickt und der Berggeist hatte sich in die tiefsten Tiefen zurückgezogen. Ich wusste, dass dies alles meinem Weggehen zuzuschreiben war, und so machte ich mich daran aufzuräumen. Es war eine schwere Arbeit, aber ich war nicht bereit aufzugeben. Als schließlich sämtliche Hänge frei von Geröll waren, die Quellen wieder ungehindert ins Tal fließen konnten und die Spitze aufgeräumt in den blauen Himmel strahlte, ging ich den Berggeist suchen. Nach und nach fand das Leben seinen Weg wieder zurück zu mir, und ich fühlte mich wieder zu Hause.

Hier bin ich glücklich und zufrieden. Hier werde ich gebraucht, hier gehöre ich hin, das weiß ich jetzt. Es gibt einen Grund, weshalb wir so sind, wie wir sind. Ich verurteile das Ausbrechen keineswegs, manchmal ist es nötig zu erkennen, was man die ganze Zeit vor Augen hat. So war es bei mir", endet Hacok mit einem Augenzwinkern.

Mittlerweile ist es draußen dunkel geworden und die Strapazen des Aufstieges machen sich bei dir bemerkbar. Da der Steinriese ein guter Gastgeber ist, richtet er dir geschwind einen gemütlichen Schlafplatz ein. Die Felle sind warm und duften nach Stein. Du schläfst selig ein, an einem wundervollen Ort, denn hier lebt ein Wesen, welches sich selbst erkannt hat.

Am nächsten Morgen, nach einem ausgiebigen Frühstück versteht sich, machst du dich wieder auf den Weg ins Tal hinunter. Hacok liebt zwar Besuch, aber er ist ein Einzelgänger, und so freut er sich jedes Mal, wenn sein Gast auch wieder geht. Während deines Abstiegs fällt dir auf, wie friedlich das Leben hier ist. Es ist wahrlich ein schöner Ort und du könntest dir gut vorstellen, länger hier zu verweilen.

Unten blickst du ein letztes Mal hoch. Ganz weit oben, kaum sichtbar, glaubst du eine große Gestalt zu sehen.

Hacok, der Steinriese, hat aufgepasst, dass du sicher am Fuße ankommst, bevor er sich wieder um seinen Berg kümmert ...“

Hunkapunka erzählt eine Geschichte

Ich wäre wohl keine sonderlich gute und dankbare Freundin, würde ich Hunkapunka nicht wenigstens ein Mal zu Wort kommen lassen. Nun werden es sogar ganze zwei Mal sein.

Dem Zwerg Hunkapunka bin ich erstmals in Kindertagen begegnet. Wenn ich mich nun zurückerinnere, kommt mir das Bild von einem kleinen, witzigen Zwerg, der allerlei Dinge zu erzählen hatte, in den Sinn. Er war schon immer hier gewesen, und ich habe seine Anwesenheit nie angezweifelt.

Ein dichter, weißer Bart wächst bis zu Hunkapunkas Nabel hinab und auf seinem Haupthaar ruht eine flache, bunte Mütze. Mal ist sie rot, dann blau oder grün und manchmal sogar gelb. Er zeigt sich mir immer noch gerne in diesem typischen Zwergenbild: klein, stämmig, lustig, rotwangig, mit Vollbart, großen Ohren und ordentlichem Schuhwerk oder barfuß.

Hunkapunka gehört zu den Zwergen, die tiefer im Erdinnern leben. Sie sind unter anderem dafür zuständig, dass die Erdenergien frei fließen können, dass Wasser seinen Weg an die Oberfläche findet und natürlich für die Steine. Das Gestein ist ihre Domäne, dort fühlen sie sich wohl, dort sind sie Meister ihres Fachs.

Sie sind also Steinzwerge und mitunter auch zuständig für die Edelsteine. Diese Kostbarkeiten werden oftmals tief unter Tage „ausgebrütet" und von ihnen umsorgt. Manchmal legen sie ganze Gärten mit Edelsteinen an. Dann kann man beobachten, wie die Zwerge mit ihren Hämmerchen und Hacken über die Steinfelder wuseln und nach und nach die Edelsteine aus dem Boden locken.

Natürlich dauert es eine lange, lange Zeit, bis so ein Edelstein „geerntet“ werden kann, und selbst dann gibt es viele von den Steinen, die überhaupt kein Interesse daran haben, an einen anderen Ort zu gehen. Von den Steingärten werden einige in die Hallen der Zwerge getragen, wo sie zu wundervollen Gegenständen verarbeitet werden. Der Rest wird auf der ganzen Welt verteilt, nahe der Oberfläche, wo die Steine auch immer wieder von Menschen gefunden werden.

Dies ist, wie ich mich erinnere...

… es war in einem der unterirdischen Steingärten. Unzählige Fackeln hingen in schmucken Halterungen entlang der Wände. Ihr Schein wurde von den Edelsteinen zurückgeworfen und schuf so ein eigenes Licht. Dies war auch vonnöten, wollten die Zwerge beim Arbeiten etwas sehen. Die Luft war erfüllt vom beständigen Murmeln der Zwerge, wenn sie die Steine für ihre Schönheit lobten. Hin und wieder stimmte einer der Zwerge ein Lied an und bald darauf fielen alle mit ein. Manchmal waren es lustige und leichte, dann wieder schwere und tiefsinnige und dazwischen gaben sie sogar einige Trinklieder zum Besten. Die Stimmung war froh und von einer leichten Heiterkeit getragen. Steine sangen, klangen und brachen unter dem rhythmischen Klopfen der Hämmer.

Es war das erste Mal, dass Hunkapunka mich hierher mitgenommen hatte, und ich verliebte mich augenblicklich in diesen Ort. Der kalte, feuchte Duft der Edelsteine wurde von der weichen Erde eingeschlossen. Man fühlte sich geborgen und sicher und vergaß dabei die Tatsache, dass über dem Kopf tonnenschwere Schichten aus Erde ruhten.

Ich war damals noch jung, ein Menschenkind, das mit großen Augen an Hunkapunkas Hand ging. Mein Herz klopfte wie wild, und noch heute kann ich das aufgeregte Kribbeln auf meiner Haut fühlen, wenn ich mich daran zurückerinnere. Die Zwerge mögen Menschenkinder. Deren Herzen sind noch offen für die Rhythmen der Natur. Ihre Ohren können den Herzschlag der gütigen Mutter noch hören und sie wissen instinktiv, um was es sich da handelt. Das Wissen der Zwerge ist groß. Es umfasst die Geschichte der Steine, der Erde, der Menschen als auch ihre eigene. Für sie ist die Weitergabe dieses Wissens eine Ehre und sie teilen es gerne mit jenen, die offenen Herzens sind.

Hunkapunka und ich machten es uns am Rand des Steinfeldes gemütlich. Bevor der Zwerg aber zu sprechen begann, musste er seine Pfeife stopfen. Hunkapunka pflegte zu rauchen, wenn er etwas erzählen wollte, und da er mir jedes Mal etwas Neues zu berichten hatte, qualmte er fleißig. Für Naturwesen ist das Rauchen unschädlich, und sie haben auch eine ganz andere Beziehung dazu. Mit jedem Atemzug werden die Kräuter, der Rauch und Mutter Erde geehrt und es wird ihnen gedankt. Die Zwerge vergleichen das Pfeifenrauchen sogar mit einer Meditation. Und ich, als Zuhörerin, lernte geduldig zu sein.

Ich fand Hunkapunkas Pfeife lustig. Der Pfeifenhals war so lang, dass Hunkapunka den Pfeifenkopf gemütlich auf dem Boden abstellen konnte. Es hatte schon etwas Mystisches an sich, wenn sein bärtiges Gesicht hinter einer grauen Rauchwand verschwand. Und dann schien es, als würde seine Stimme durch den Nebel zu mir sprechen.

„Kleine Freundin“, sagte er mit seiner lebendigen Stimme. „Heute erzähle ich dir die Geschichte vom ersten Zwerg Mamouki. Er war der Erste von uns, der seine Heimat tief unter der Erde gefunden hatte. Und er war auch der Grund, weshalb wir Zwerge die Steine so sehr lieben.

Nun, es war in den alten Tagen. Jenen alten Tagen, die schon so lange zurückliegen, dass niemand mehr weiß wie lange denn genau. In eben jenen alten Tagen, da lebte ein Zwerg namens Mamouki.

Mamouki wohnte sehr nahe an der Oberfläche, und er war dort glücklich. Seine Stube lag direkt unter den Wurzeln einer gewaltigen Eiche. Er und der Eichengeist waren gute Freunde und ein jeder kümmerte sich um den anderen. Mit seinem kleinen Hämmerchen sorgte Mamouki dafür, dass die Wurzeln unbeschwert gedeihen und genügend Nahrung für den Baum aufnehmen konnten. Als Gegenleistung gewährte ihm der Eichengeist Schutz und ein Zuhause.

Mamouki unternahm gerne ausgedehnte Spaziergänge und war manchmal einige Tage fort. Eines Tages aber ging er weiter als je zuvor und gelangte an einen besonders hohen Berg. Schon in diesen alten Tagen war der Zwerg von Gestein fasziniert gewesen, und so beschloss er, dessen Gipfel zu erklimmen. Vielleicht gab es dort oben Interessantes zu entdecken.

Einige Male drehte die Sonne ihre Runden und Mamouki war noch immer auf dem Weg zum Gipfel. Aufgeben lag nicht in seiner Natur, und so stieg er stetig weiter. Eines Mittags galt es eine besonders tückische Stelle zu überwinden, und als Mamouki zu straucheln begann, fiel sein geliebtes Hämmerchen in eine Spalte. Dunkel und tief führte die Furche nach unten in unbekanntes Terrain und wäre das Hämmerchen nicht ein Geschenk von Pan gewesen, er hätte es liegen lassen. So aber konnte er es nicht vergessen, denn das Hämmerchen hatte eine große symbolische Bedeutung für Mamouki. Es stand für die Freundschaft und den Respekt des Pans gegenüber dem Zwerg. Es stand für die Dankbarkeit und Wertschätzung, welche Mamouki der Eiche hatte zukommen lassen, und es stand für die innere Stärke eines jeden Lebewesens. Unsere Hämmerchen stehen auch heute noch für diese Werte.

Also stieg Mamouki in die Tiefe. Tapfer setzte er einen Fuß vor den anderen, während das Tageslicht immer schwächer wurde. Irgendwann musste er doch den Grund erreichen und sein Hämmerchen wiederfinden. Bald hatte der liebe Mamouki die Orientierung verloren und wusste nicht mehr, wo oben und wo unten war. Es gab keine Gestirne, nach denen er sich hätte richten können. Kein Rascheln von Blättern im Wind, welche ihm den Weg weisen konnten. So blieb Mamouki nichts anderes übrig, als weiterzugehen. Es ging bergab, nicht mehr so steil wie zuvor, aber doch beständig. Mamoukis Brust schnürte sich zusammen und zum ersten Mal in seinem Leben hatte er so etwas wie Angst. Die Verzweiflung ließ ihn schneller gehen, bis er über etwas stolperte und zu Boden stürzte.

Eine Weile blieb Mamouki liegen, zu erschöpft, um wieder aufzustehen. Stille umfing ihn, und er dachte, dass es sicherlich schlimmere Orte geben musste, an denen man stranden konnte. Da glaubte er auf einmal das Flüstern von Stimmen zu hören. Mamouki schüttelte den Kopf. Jetzt wurde er schon ver-rückt. Er hatte von einigen Geistern gehört, denen dies passiert war. Aber es waren alles unleidige Gesellen gewesen. Nein, so wollte er nicht enden. Hatte Pan ihm nicht einmal gesagt, dass alles lebendig sei? Überall existierte Leben, wieso also nicht auch hier?

Erst einmal die Schuhe ordentlich abklopfen. Von seiner unfreiwilligen Wanderung unter Tage klebten nämlich große Erdklumpen an seinen Sohlen.

Dann stand er entschieden auf, stemmte die Hände in die Hüften und rief in die Dunkelheit: ‚Hallo, ist hier jemand? Ich bin der Zwerg Mamouki von der Oberfläche, und ich habe mich verirrt.‘

Kaum hatte er gesprochen, da verstummten die feinen Stimmchen und nichts war mehr zu hören.

‚Gut gemacht, Mamouki‘, sagte er zu sich selbst. ‚Nun bist du wahrlich ver-rückt.‘

Mutlos ließ er seine Schultern hängen und wusste nicht weiter. Aber da hörte er auf einmal ein neues Geräusch. Es war weder besonders laut noch sehr auffällig, weshalb es ihm zuvor nie aufgefallen war. *Bumm Bumm* schien es zu machen. Mehr wie ein fernes Trommelschlagen. Mamouki hatte schon mit manch seltsamen Wesen gesprochen, auch mit einigen, die im Erdinnern lebten. Sie hatten ihm erzählt, dass Mutter Erdes Herzschlag das Erste und Letzte war, das sie jeweils hörten. Könnte dieses Trommeln vielleicht ...?

Kurz entschlossen machte Mamouki sich auf die Suche nach dem Ursprung. Seine Geduld wurde auf eine harte Probe gestellt, aber noch heute sind wir ihm für seinen Mut dankbar.

Irgendwann entdeckte Mamouki einen feinen Lichtstrahl. Neugierig ging er darauf zu und je näher er kam, desto heller wurde es. Ein sanfter Windhauch schien durch den Gang zu wehen, und er konnte allerlei Geräusche hören. Der Gang bog um eine Ecke und dann landete Mamouki am außergewöhnlichsten Ort, den er je gesehen hatte.

Über seinem Kopf wölbte sich eine gigantische, unterirdische Höhle. Wasser tropfte von der Decke, Windgeister trieben ihren Schabernack zwischen Stalaktiten und grüne Moosflechten wuchsen entlang der Wände. Zu seinen Füßen aber erstreckte sich ein schier endloses Feld aus Kristallen. Große und kleine, spitze und runde, glasklare und milchige, schimmernde und matte lagen wirr nebeneinander. Aus ihrer Mitte schien ein sanftes Licht zu entströmen und wurde von den Nachbarsteinen zurückgeworfen. So also war der Lichtschimmer entstanden, der Mamouki hierhergeführt hatte. Es war nicht mit Tageslicht zu vergleichen, aber wenn man hier einige Fackeln aufstellen würde ...

Es ist bekannt, dass der erste Zwerg Mamouki kein allzu sentimentaler Geselle war, aber bei diesem Anblick konnte auch er seine Rührung nicht verbergen. So unbeschreiblich schön und friedlich war es an diesem Ort, dass er nie mehr von hier fort wollte. Geborgenheit und Zufriedenheit erfüllten sein Herz und ließen ihn erkennen, wohin er all die Zeit schon immer gehört hatte. Lange, lange war er so stehen geblieben, den Blick im Funkeln der Kristalle verloren ...

Auf einmal bemerkte Mamouki eine neue Energie in der Höhle. Es war eine alte und weise Energie voller Liebe und Kraft und Mamouki wusste augenblicklich, wer da zu ihm gekommen war. Es war Gaia selbst, die gütige Mutter Erde. Mit freudigem Herzen und geröteten Wangen begrüßte er sie.

‚Lieber Mamouki‘, sagte sie ihm da freundlich, ‚siehst du all diese wundervollen Geschöpfe. Sie sind eingeschlossen, hier tief unter der Erde. Und viele von ihnen würden doch so gerne einmal das Tageslicht sehen. Sie brauchen jemanden, der für sie sorgt, ihnen hilft nach oben zu kommen. Jemand, der sie pflegt und schöne Dinge aus ihnen herstellt. Jemand, der sie achtet und liebt. Aber vor allem brauchen sie jemanden, mit dem sie ihre Liebe und Weisheit teilen können. Möchtest du derjenige sein, Mamouki?‘

Du kannst dir Mamoukis Antwort natürlich denken, sonst wären wir ja nicht hier, wo wir jetzt sind. Die gütige Mutter überreichte Mamouki sein altes Hämmerchen, aber es war nicht mehr so wie damals, als er es verloren hatte. Sein Material war nun unverwüstlich, ein funkelnder Diamant. Damit konnte Mamouki die Kristalle aus dem Boden befreien und einige von ihnen in noch atemberaubendere Formen bringen.

Also übernahm Mamouki die Aufgabe, über die Edelsteine, insbesondere die Kristalle zu wachen. Er war der erste Zwerg hier so tief unter der Erde, der erste Kristallzwerg. Wie du weißt, sind wir nun einige Kristallzwerge mehr, denn viele von Mamoukis Freunde zogen zu ihm hinab. Und so kamen auch die anderen Edelsteine zu ihren ‚Gärtnern‘. Aus Respekt, Dankbarkeit, aber auch, um Verwechslungen zu vermeiden, haben wir die Farbe unserer Bärte an die Edelsteine angepasst. So haben die Kristallzwerge weiße, die Amethystenzwerge violette, die Türkiszwerge türkisfarbene Bärte und so weiter.

Nun kennst du sie, die Geschichte vom ersten Zwerg Mamouki und wie es dazu kam, dass wir so tief unter der Erde wohnen. Nun weißt du auch, woher unsere

Vorliebe für Kristalle und Edelsteine aller Art kommt. In unserer Brust schlägt *dasselbe* Herz wie jenes von Mamouki. Seine Liebe zum Gestein hat er uns weitervermacht, und es ist das schönste Geschenk, das man sich wünschen kann. Etwas so sehr lieben zu können wie sich selbst, gibt einem eine Bestimmung, ein Zuhause, einen Halt, eine Einheit und Zufriedenheit. Wir sind ein wenig wie die Steine geworden; manchmal etwas grimmig, hart und rau (das gebe ich zu), aber dennoch voller strahlender Liebe.

So, genug der Erzählerei", meinte Hunkapunka jäh. Die Geschichte war beendet und seine Pfeife ausgeraucht – für den Moment jedenfalls. „Komm, kleine Freundin." Er reichte mir ein Hämmerchen. „Hilf mir, einige der Kristalle zu befreien. Hier ist dein Hämmerchen."

Es war ein prächtiges Hämmerchen, kunstvoll verziert und für mich passend in der Hand liegend. Ein wundervolles Geschenk. Dann zeigte mir Hunkapunka, wie man einen Kristall erkannte, der an die Oberfläche wollte. Wie man ihn mit viel Geduld und Liebe aus dem weichen Boden hämmerte und grub. Welche Lieder die besten waren, um einen schüchternen Kristall zum Loslassen zu bewegen. Welche Worte einen übermütigen Kristall beruhigten und zugleich mich selbst. Hunkapunka lehrte mich, dass jeder Kristall, jeder Edelstein, jeder Fels ein beseeltes Wesen war und folglich auch als solches zu behandeln war. Er lehrte mich, dass wenn man Respekt vor ihnen hatte, dann würden die Steine mit einem Flüstern antworten ...

…Seither sind einige Jahre vergangen, und auch wenn ich kein kleines Mädchen mehr bin wie damals, so blieben die Geschenke der Zwerge in meinem Herzen erhalten.

Hin und wieder wandere ich in den Kristallgarten hinunter, um meinen lieben Freund Hunkapunka zu treffen. Dann zündet er sich seine Pfeife an, und wir erzählen einander, was unter und über Tage vor sich gegangen ist. Später nehmen wir unsere Hämmerchen zur Hand und spazieren über das Kristallfeld, um einige Kristalle an die Oberfläche zu tragen.

Die Liebe der Zwerge zu den Steinen hat sie geprägt. Sie sind genauso wie die Steine, und man sollte sich selbst auch so akzeptieren, wie man ist. Zwerge können ihre Ziele verfolgen, bis sie diese erreichen, deshalb wird ihnen auch ihre berühmte Starrköpfigkeit nachgesagt. Und Zwerge können eine Ewigkeit warten, so wie Steine, sie harren und harren. Es sind dies gute Eigenschaften, denn die Zwerge leben sie ehrlich und offen. Sie sind stolz darauf, so zu sein, wie sie sind. Und das ist, was ich an diesem Volk bewundere.

Hunkapunka erzählt gleich weiter:

„Das Element Erde; es ist elementar, lebenswichtig, lebenspendend und wird dabei oft als etwas Selbstverständliches angesehen. Vielleicht liegt es daran, dass es einfach da ist; ruhig und haltgebend. Nur selten bemerkt man Veränderungen, wenn es nicht Erdrutsche, Erdbeben oder ähnliche Dinge gibt. Sämtliche Pflanzen und Bäume (dazu zählen auch die Wasserpflanzen) ‚gehören' zu diesem Element, werden daraus *geboren.* Alle Lebewesen hier auf unserem Planeten sind auf seine Stütze angewiesen."

Um die Welt aus Sicht der Naturwesen verstehen zu können, muss man nach innen schauen – in den Leib der Erde, den sie auch die gütige Mutter nennen.

Hunkapunka hat sich bereiterklärt, uns die „dunkle und leblose“ Erde unter unseren Füßen vorzustellen ...

Hunkapunka:

„Wir werden tiefer steigen als die Kristallgärten und weiter gehen, als ein Vogel fliegen kann. Durch finstere Tunnel, wo das Tageslicht nie hindringt, vorbei an Kraft- und Wasseradern bis ins Herz – wo alles Leben entspringt und endet.

Vielleicht habt ihr schon bemerkt, dass wir alle gelegentlich einen kleinen Hang zur Dramatik haben. Ohne diesen Hang wäre es uns unmöglich, schöne Dinge herzustellen und ihnen zum Wachstum zu verhelfen.

Meine kleine Freundin – die nun größer ist als ich – gehört auch zu jenen Wesen, die große Träume haben. Wer bereit ist, hinter das Dahinter zu blicken, der wird mit der Endlosigkeit konfrontiert. Andere von euch mögen es lieber sachlich. Jenen begegnen wir auch und informieren sie über Dinge, wie unsere Gestalt und unsere Aufgaben. Was wir hier jedoch vermitteln, sind unsere Träume. Träume sind auch Einblicke in die Herzen und Wünsche der einzelnen Wesen. Sie mögen flüchtig sein, machen ein Wesen aber zu dem, was es ist!

Also, Hammer, Pfeife und Tabak liegen bereit. Es kann losgehen. Merkt euch eins; Wasser und Nahrung sind überall zu finden, wenn man weiß wie. Nur guter Tabak, darüber stolpert man nicht einfach so ...

Stellt euch jetzt vor, ihr findet irgendwo in der Natur ein Erdloch; sei es unter einem Baum oder Stein, einem Fuchsbau oder einfach ein ganz gewöhnliches Loch. Dort steigt ihr hinein, folgt dem Gang und bereits nach einigen Schritten entschwindet die Welt über euren Köpfen. Das Vogelgezwitscher dringt in den Hintergrund, das Windrauschen verliert an Kraft und nur noch ein gelegentlicher Hauch kitzelt eure Nase. Ein neues Reich breitet sich zu euren Füßen aus. Der feuchte, eher schwere Duft der Erde umgibt euch fortan. Es ist kühl und dunkel. Aus den Gängen kann man das Raunen von allerlei Leben hören; Insekten und Säugetiere, Geister, Wesen und Seelen und natürlich das Herz der gütigen Mutter. Wie eine Trommel schlägt es unablässig; mal leiser, dann wieder lauter, näher und ferner, aber es ist immer da. Bumm. Bumm. Bumm ...

Der Weg führt bergab oder besser gesagt erdab. Zieht eure Schuhe jetzt aus, der Boden ist manchmal glitschig und dann wieder trocken, er kann steil abfallen und dann wieder auf große Steine stoßen. Eure Zehen können diese Unebenheiten viel besser wahrnehmen. Solch wundervolle Instrumente, sie gehören nicht in Schuhe eingepfercht. Fühlt ihr, wie sich die Erde unter euren nackten Füßen bewegt? Wie ihr eure Zehen in sie hineingraben könnt?

Weiter geht's.

Wenn es euch etwas zu dunkel ist, können wir gerne eine Laterne zum Leuchten bringen. In diesem ‚Zwischenbereich' bis zu den Steingärten ist es eher finster. Dies hat seine Gründe. Die Pflanzen und Samen wachsen aus der Dunkelheit ans Licht, genau wie ihr Menschen im dunklen Leib eurer Mutter heranwachst. Ihr seht die Nacht und die damit verbundene Dunkelheit oft als euren Feind und als durchtrieben an. Dabei seid auch ihr dem Schwarz entsprungen – dies hat nichts mit eurer Einteilung in Gut und Böse zu tun. Nicht alles, was dunkel ist, bringt Schlechtes und nicht alles, was hell ist, bringt Gutes. Manchmal kann das Licht auch zu grell sein und blendet einen, so dass man blind davon wird ...

Der dunkle Zwischenbereich dient zur Speicherung von Nährstoffen und Wasser, aber auch als Erholungsort für uns Naturwesen. Wenn wir Abstand und Ruhe suchen, kommen wir hierher und hören zu, wie das Leben wächst, wie es entsteht und seinen Weg an die Oberfläche findet. Hier sind besonders viele Wasser- und Erdgeister aktiv, einige leben auch in diesem Bereich.

Unzählige Kraftlinien oder Erdlinien durchziehen diesen Ort, kreuzen und ergänzen einander. Bunte Linien, mal flackernd, dann wieder klar und hell, glitzernd, durchsichtig oder trüb. Sie sind wichtig, denn sie verbinden die Erde zu einer Kugel, formen sie so, dass wir auf und in ihr leben können. Aber sie übermitteln auch Informationen rund um den Globus. Sie zeigen an, wo etwas im Ungleichgewicht ist. Es ist das Gehirn von Gaia.

Man kann auch auf den Linien wandern, so wie wir Naturwesen es tun. Ihr müsst dabei nicht besorgt sein sie zu beschädigen, sofern ihr sie mit Achtung betretet. Sie können nur zerstört werden durch Undankbarkeit und rohe Gewalt oder aber durch Schadstoffe.

Es steht euch jederzeit frei, auf einer Linie zu wandern und von ihr zu lernen, denn sie alle haben eine Menge zu berichten.

Wenn wir nun weiter hinabsteigen, werdet ihr schnell merken, dass die Luft entgegen allen Vorstellungen nochmals etwas kühler wird. Die Kühle wird von den vielen Steinen ausgestrahlt, denn hier kommen wir zu den Steingärten. Seht sie euch an; all die funkelnden Edelsteine, wie sie strahlen und lachen. Ihre Gegenwart belebt die Luft, vertreibt die Schwere aus ihr und mischt ihren feucht-steinigen Geschmack darunter.

Hier wollen wir uns nicht zu lange aufhalten, denn ich habe euch von diesem Platz bereits etwas erzählt. Wir verlassen die Steingärten und steigen tiefer hinab. Bleibt aber trotzdem einmal stehen und atmet tief. Riecht ihr es? Der Geruch ist herber geworden. Ihr seid den süßlichen Duft auf der Oberfläche gewohnt, der von den Blumen und Bäumen stammt. Hier unten begegnen wir auch fast keinen Tieren mehr. Einzelne Insekten hausen hier, aber ansonsten ist dies das Reich der Steinzwerge. Wir haben unsere Häuser gleich unter den Steingärten angelegt, manchmal leben auch einige darüber. So aber können wir die Löcher in den Steinhallen über uns als Lichtquellen nutzen.

Wie unsere Häuser aussehen? Nun, das ist schwer zu erklären. Jeder Zwerg baut sich sein eigenes, kleines Heim. Manche graben sich ein geräumiges Loch in die Erde, andere errichten Steinhäuser, ähnlich wie ihr sie habt. Einige aber wollen nur ein buntes Zelt, so dass sie das Licht der Edelsteine sehen können. Ihr seht, wir sind alle verschieden und doch leben wir in Harmonie.

Mein Haus ist aus Steinen gebaut. Ich mag die Bauten eurer Schlösser im Mittelalter. Die meisten von uns bevorzugen solche Heime – jedenfalls mein Volk der Kristallzwerge. Dies mag auch an der Form der Kristalle liegen, wer weiß ...

Aber genug davon, schließlich haben wir noch ein kleines Stück Weg vor uns, ehe wir in der Mitte ankommen.

Wir durchqueren nun ‚Kristallstadt', denn der weitere Abstieg befindet sich am anderen Ende unserer Stadt. Unsere Straßen bestehen meist aus flachgestampfter Erde. Nur selten verspüren wir das Bedürfnis, Wege zu pflastern, denn so bringt man die Erde darunter zum Ersticken. Überall glitzern Kristalle, sogar der Boden ist teilweise mit ihnen geschmückt. Und doch ist unsere Heimat weniger pompös, als ihr vielleicht gedacht habt. Wir lieben die einfachen Dinge von Mutter Erde.

Beim Verlassen von Kristallstadt fällt euch sogleich auf, dass die Luft wärmer geworden ist. Es erinnert einen schon beinahe ein wenig an die Tropen – bloß ohne Sonnenlicht. Keine Angst, wir sind noch nicht bei der Lava angelangt. In diesem Bereich werden viele Feuergeister geboren, um dann eines Tages an die Erdoberfläche zu stoßen. Wir wollen sie nicht stören, sie sind Wanderern gegenüber zwar freundlich, aber es gilt zu bedenken, dass wir ohne ausdrückliche Einladung kommen! Wir wollen das Feuer schließlich nicht wecken, sonst könnten wir womöglich noch einen Vulkanausbruch auslösen – also psst ...

Gleich unter den Behausungen der Feuergeister beginnt die sogenannte hohle Erde oder Agharta. Langsam kommt es in das Bewusstsein der Menschen, dass es eine Welt in der Welt gibt. In Agharta fanden viele Menschen aus alten Kulturen Zuflucht und konnten somit ihre Weisheiten bewahren. Hier unten gibt es sogar eine Zentralsonne. Es wird erzählt, dass die Sonne aus Liebe zu einem uralten und leider längst ausgestorbenen Volk ein Stück von sich selbst geopfert habe, so dass die Nachfahren jenes Volkes hier unten überleben konnten. Von jenen Wesen lebt niemand mehr, aber die Erinnerungen sind geblieben.

Zwischen Himmel und Erde existieren noch eine Menge Dinge und Geschichten aus der Vergangenheit, die noch in den Schatten verborgen liegen. Es wird der Tag kommen, da sich alle erinnern. Dies ist unser großer Traum ...

Agharta ist eine kleine Perle und ähnelt der Erdoberfläche in fast allem. Nur seine Bewohner unterscheiden sich optisch ein wenig und handeln bisweilen etwas anders. Auch sind die Temperaturen hier fast immer sommerlich.

Wenn wir Agharta, die Innenwelt, verlassen, stoßen wir nach einer Weile auf den wahren Kern von Mutter Erde. Es ist dies eine Art Hohlraum. Ich kann es euch nicht genau erklären, denn dieser Hohlraum ist ‚aufgefüllt' mit dem Wesen, der Seele von Gaia und einem ständigen Wandel unterworfen. Die Energien in der Mitte sind so stark, dass sich der Erdkern ungeheuer erhitzt und so auch die Lava erschafft (Über die genauen Vorgänge hierzu möchte ich mich nicht weiter auslassen, denn das würde zu viel Zeit in Anspruch nehmen). Hier drinnen kommen alle fünf Elemente zusammen; die Erde als Ummantelung, das Wasser, das verbindet, das Feuer, welches wärmt, die Luft, welche durch die beiden Pollöcher hinabsteigt und somit den Äther in sich trägt. Dies ist es, das Herz unserer Welt, das Zentrum. Wenn solch mächtige Energien aufeinandertreffen, erscheint einem oftmals das Bild einer Feuerwand. Es entsteht aber auch ein unablässiger Sog, ein Austausch, als Pulsieren hörbar – der Herzschlag.

Es ist dies die Kraft, welche unsere Erde bewohnbar macht und dafür sorgt, dass sie sich dreht und ihren Platz im Universum einnimmt. Es ist hier, wo die Magnete sich drehen, ihre Polarität erhalten und somit auch Ebbe und Flut auslösen und die Schwerkraft herstellen.

Wir können nun nicht näher herangehen, denn die Hitze würde uns schaden. Manchmal, wenn die Erde zu viel Wärme hat, kommt es zu einem Vulkanausbruch. Aber selbst wir Naturwesen können uns dieser Energie nicht zu lange aussetzen, sonst würde sie uns in sich aufnehmen, und wir würden aufhören, als Individuen zu existieren. Wir wären nicht tot, nur könnten wir den Kern nicht mehr verlassen. Es gibt manchmal einige von uns, die diesen Weg wählen. Leider kann ich euch nicht sagen, wie es ihnen dabei erging, denn wie gesagt, sie sind dann ein Teil des Ganzen.

Die Feuerwesen halten sich hier besonders gerne auf. Die Wagemutigen unter ihnen leben sogar hier. Aber selbst wenn die Feuergeister den Energien hier am nächsten kommen, so sind sie auch für sie zu stark. Und nebenbei bemerkt könnte es katastrophale Auswirkungen haben, würden alle Feuerwesen so nahe am Kern leben.

Kommt nun, meine Lieben, Zeit zu gehen. Wir werden wieder hochsteigen, erdauf. Aber dieses Mal werden wir auf einer Erdlinie reisen. Wie ihr sehen könnt, gibt es diese überall. Sie durchdringen die ganze Erde wie ein Gitternetz und umschließen ebenfalls den ganzen Planeten; als Schutz, als Ausgleich und als Formgebung.

Seht nur, hier ist eine gute Linie. Sie wird uns an die Oberfläche führen. Wie schön sie funkelt, grün-gelb-weiß.

Bevor ihr nun eure Füße draufsetzt, bittet die Linie um sicheres Geleit nach oben und dankt ihr für ihr Tun. Es wird ein kurzes Aufflammen der Farben geben. Die Linie hat euch gehört und ist bereit, euch hochzutragen. Jetzt dürft ihr aufsteigen. Wenn ihr das erste Mal auf einer Kraftlinie reist, solltet ihr euch vielleicht hinsetzen. Und nun, lasst euch tragen ...

… zurück durch Agharta und vorbei an all seinen Wundern. Weiter durch das tropische Reich der Feuergeister. Ihr dürft ihnen ruhig zuwinken, sie sind keineswegs böswillig, sondern haben nur ein flammendes Temperament. Dann geht es vorbei an meiner Heimat, der Kristallstadt. Wir kommen der Oberfläche näher. Der letzte Abschnitt ist jener Zwischenbereich, wo man das Pulsieren der Kraftlinien am stärksten fühlen kann. Und dann kommt euer Ausgang ... Steigt nun von der Linie herab. Ich bleibe noch eine Weile sitzen und sehe nach, wohin sie mich führt. Rauche eine Pfeife und genieße die Schönheiten. Es hat mich gefreut. Geht nun mit der Erde im Herzen ...“

Als der Efeu sich verliebte

Vielerorts wird der Efeu als „Schmarotzerpflanze“ angesehen. Eine Pflanze, die nicht ohne einen Wirt überleben kann. Einerseits mag dies sicherlich zutreffen, denn der Efeu haftet sich oft an Bäumen fest und seine Wurzeln wachsen sowohl ober- wie auch unterirdisch. Was dabei aber in Vergessenheit geraten ist, sind die wahren Qualitäten des Efeus. Er schützt den Wald nämlich auf besondere Weise: vor den Auswirkungen bestimmter Frequenzen, wie sie auch von technischen Geräten ausgestrahlt werden.

In vielen der alten Kulturen zählte der Efeu zu den heilbringenden Gewächsen. Vor allem im Keltentum war er hoch angesehen.

Symbolisch steht der Efeu unter anderem für ewiges Leben (er ist immergrün), Beständigkeit, Bescheidenheit, Selbsterkenntnis und Liebe. Auch eine große, weibliche Kraft wird ihm nachgesagt und so verwundert es nicht, dass viele Feen zwischen seinen starken Blättern hausen.

Mich hat der Efeu schon immer fasziniert, und ich werde jedes Mal traurig, wenn die Menschen ihn als Parasiten betrachten. Ähnlich ergeht es wohl den Naturwesen, denn es war ein kühler Tag, als ich auf einem Spaziergang einer Sidhe begegnete.

Als Sidhe werden die Feen in Irland bezeichnet. Sie unterscheiden sich von den Feen, die in unseren Gebieten leben. Es mag unter anderem an ihrer helleren Haut und den oftmals roten Haaren liegen, aber auch an ihrer Körperhaltung. Unsere Feen hier halten sich um einiges gerader und schweben mehr, als dass sie gehen. Die Sidhe wirken etwas unruhiger und hüpfen gerne von Blatt zu

Blatt oder von Stein zu Stein. Sie sind um einiges ungestümer und können bisweilen zu drastischen Maßnahmen greifen, wenn sie mit jemandem unzufrieden sind.

So also hat mich diese lustige Sidhe aufgesucht, um mir eine Geschichte aus Irland zu erzählen. Es ist die Geschichte der Sidhe Ailansja, der ersten Fee, welche in einem Efeu wohnte.

„In einer Zeit, die noch keinen Namen hatte und auch nie einen tragen wird, als Naturwesen und Tiere Mutter Erde bewohnten und die Pflanzenfeen noch keine Flügel besaßen, lebte Ailansja. Sie war eine wunderschöne Fee von solch zartem und lieblichem Wuchs, dass viele sich fürchteten, sie beim Anfassen gar zerbrechen zu können. Doch ihr feines Äußeres täuschte, denn Ailansja besaß eine innere Kraft, die stärker als bei vielen ihrer Verwandten war.

Niemand weiß, ob Ailansja die Erste der Sidhe war, aber sie war sicherlich die Erste, die in einem Efeu wohnte. Die schöne Fee hatte Mitleid mit dem unscheinbaren Gewächs, denn niemand wollte sich seiner annehmen. So wurde Ailansja die erste Efeufee.

Es mangelte der Sidhe an nichts, denn der Efeu war eine dankbare und widerstandsfähige Pflanze. Nach und nach teilte der Efeu seine Geheimnisse mit der Fee. Die zarte Ailansja kam aus dem Staunen nicht mehr hinaus, denn der Efeu ist von Mutter Erde aus einem ganz bestimmten Grund geboren worden; die Pflanze steht für den ewigen Kreislauf des Lebens. Immergrün und blühend während der Herbstzeit, soll der Efeu die Erdbewohner daran erinnern, dass alles miteinander verbunden ist, in einer endlosen Spirale des Seins. Und so schlängelte sich der Efeu tapfer über den Boden und gleichwohl, dass ihn alle niedertraten, richtete er sich stets munter auf und kroch weiter. Er war und ist noch immer eine stolze und andächtige Pflanze.

Frühling, Sommer, Herbst und Winter wechselten sich beständig ab und Ailansja wurde mit jedem neuen Tag selbstsicherer. Trotz ihres jungen Alters war sie bald für ihre Weisheit anerkannt, und die Geister kamen von nah und fern, um sich bei ihr Rat zu holen. Zu Beginn war die schöne Ailansja verwundert über das Vertrauen, welches die Fragenden ihr entgegenbrachten. Sie teilte ihr Verblüffen mit dem Efeu, konnte sie sich ihr Wissen doch nicht erklären. Da aber musste der Efeu lächeln und antwortete ihr vertrauensvoll: ‚Die gütige Mutter hat es mir geschenkt, und ich gebe es an dich weiter.'

Ailansja war verwirrt. ‚Was hat sie dir geschenkt, lieber Freund?'

Die Sidhe hörte, wie der Efeu sich räusperte. Es klang, als ob der Wind durch seine Blätter fahren würde. Ein Geräusch, welches Ailansja zu lieben gelernt hatte.

‚Nun', begann der Efeu geheimnisvoll, ‚hör gut zu, denn dies ist, was die gütige Mutter mir sagte, als sie mich gebar:

Ohne Größe und Wert und
ohne sichtbare Eigenschaft, wirst du sein.
Um zu bedecken, was Schutz braucht und
um zu stützen, was stirbt.
Ein Leben ohne Stolz, in Demut und Stille geführt,
Selbsterkenntnis soll dein Lohn sein.

Aus der Tiefe meines Herzens
entspringen die Geheimnisse und

als heilige Krone zierst du mein Haupt,
umschmeichelt von der Ewigkeit des Seins.'

Es lief der zierlichen Ailansja ein Schaudern durch den Körper, als der Efeu wieder schwieg. Sie musste sich setzen und konnte dabei nur ungläubig den Kopf schütteln. Der Efeu wartete geduldig, bis seine liebe Freundin sich wieder gesammelt hatte.

‚Die große Mutter', sagte Ailansja schließlich leise, ‚hat auch zu mir gesprochen. Ich erinnere mich noch gut an ihre sanfte Stimme und die Freude, welche ich damals empfand:

Unscheinbar wird dein Schaffen sein
und hoch dein Streben,
nach den Sternen greifend.
Ein Leben ohne Stolz, in Demut und Stille geführt,
Selbsterkenntnis soll dein Lohn sein.
Aus der Tiefe meines Herzens
entspringen die Geheimnisse und
als Tochter zierst du meine Krone,
gesandt von der Ewigkeit des Seins.'

Da lächelte der Efeu liebevoll und seine kräftigen Blätter strichen der Sidhe über die Wange.

‚Du siehst, liebe Ailansja, ich habe schon lange auf dich gewartet. Die große Mutter hat mir gesagt, dass du eines Tages kommen würdest. Nun bist du hier.'

Die Sidhe war verwirrt. ‚Aber, wieso hast du es mir nicht früher erzählt?'

Der Efeu ließ seine Blätter rascheln, als würde er mit den Schultern zucken. ‚Weil es noch nicht an der Zeit war. Du warst noch nicht so weit ...'

Ailansja seufzte tief und stützte ihr feines Kinn auf den Händen ab. ‚Ich muss gerade erkennen, dass du damit richtig liegst.‘

Leise lachte der Efeu. ‚Wir liegen beide richtig, denn wir sind nun eins.‘

Tiefe Zufriedenheit machte sich in der Sidhe breit und sie nickte leicht. Der Efeu sprach wahr, sie konnte es in ihrem Herzen fühlen – sie hatte ihren Platz gefunden und war glücklich.

Es vergingen Zyklen, Tage und Nächte, warme und kalte Zeiten und stets waren die beiden Wesen füreinander da. Ailansja führte ein fröhliches Leben, und es mangelte ihr an nichts. Sie wurde mit jeder neuen Blüte klüger, und die Geister ersuchten ihren Rat in noch tiefgründigeren Fragen.

Eigentlich konnte es nicht besser sein und doch war Ailansja unglücklich. Selbst wenn sie den Efeu liebte und sich keinen anderen Gefährten mehr vorstellen konnte, blieben sie doch stets am Erdboden haften. Immer aufs Neue kämpften sie sich über den Waldboden. Gelegentlich über kleinere Felsen, und ihre Blätter wurden wie zuvor niedergetreten. Das Problem lag in der Natur der Sidhe. Wie alle ihre Verwandten liebte Ailansja den Himmel, das Funkeln der Sterne und die Freiheit, hoch über dem Boden schweben zu können. Damals aber trugen die Sidhe noch keine Flügel und waren ganz an das Gewächs gebunden, welches sie als ihr Zuhause auserkoren hatten. So blieb der schönen Ailansja nichts anderes übrig, als die Sterne vom dunklen Boden aus zu bestaunen. Aber auch dies war nur im Winter möglich, wenn die Bäume ihr Laub abgeworfen hatten. Das Herz der zarten Fee wurde schwer, ihre Augen entrückten in die Ferne, folgten ihren Träumen hoch in den endlosen Himmel.

Dem Efeu war die Trauer seiner lieben Freundin nicht entgangen. Und nicht nur das, der Efeu hatte sich auch in die schöne Ailansja verliebt, und es schmerzte ihn nun sehr, als er sie leiden sah. Vieles unternahm der Efeu, um die einst lustige Sidhe zurückzuholen, nichts half. Am Ende sah die ewige Pflanze nur noch einen Weg, seine Liebste wieder glücklich zu machen.

Es wird gesagt, dass niemals wieder eine Pflanze eine Sidhe so sehr geliebt hatte wie der Efeu seine schöne Ailansja. Er widersetzte sich den Regeln von Mutter Erde und begann in die Höhe zu wachsen. Schnell begann er sich auszubreiten, schlängelte sich an Bäumen und Felsen empor, nahm abgestorbene Dinge als Stütze, um immer höher hinaufzugelangen.

Während Ailansjas Blick weiter in der Ferne verloren war, hatte die große Mutter sehr wohl mitbekommen, was ihr Schützling tat. Aber anders, als der Efeu und alle anderen Wesen erwartet hatten, war Mutter Erde glücklich darüber. Sie hatte immer gehofft, dass der Efeu der Schwerkraft eines Tages trotzen möge. Eine Krone sollte man schließlich auch als Krone erkennen.

Als der Efeu nach mühevoller Arbeit seine Ailansja holte, musste die Sidhe weinen. Eine Sidhe weint fast nie. Einige von ihnen leben sogar viele tausende Zyklen, ohne jemals Tränen vergossen zu haben. Ailansja weinte aus Freude und Liebe. Der Efeu führte sie hoch bis ans Äußerste seiner grünen Blätter und zeigte ihr die Sterne.

‚Liebste Ailansja', sagte er da leise und zeigte in die Nacht hinaus, ‚ich kann dir nicht die Sterne vom Himmel holen. Das kann nicht einmal die große Mutter, aber ich kann dich ihnen näherbringen als je zuvor.'

Und seit jenem Tag wächst der Efeu noch immer in die Höhe. Seine Geliebte Ailansja weilt schon lange nicht mehr unter uns, wurde sie doch von der Ewigkeit gesandt, um ihn zu lieben. Und wie alle Dinge war auch ihr Sein hier auf Erden vergänglich. Es wird aber erzählt, dass Ailansjas Seele aus der Ewigkeit immer noch über ihren Liebsten wacht. Also streckt der Efeu seine Blätter weiterhin dem Himmel entgegen und des Nachts, unter dem Licht der Sterne, reicht ihm Ailansja ihre Hand aus der Unendlichkeit. So bleiben die beiden Liebenden auf ewig miteinander verbunden. Sie tanzen, umgarnen und umschmeicheln einander bis zum Ende der Welt und darüber hinaus ..."

Bei den Sidhe und den Feen weltweit ist dies eine beliebte Geschichte. Muss es fast auch, denn es geht um die Liebe. Naturwesen können manchmal hoffnungslose Romantiker sein, vor allem die Feen und Elfen sowie Nymphen und Sylphen. Das Bild der ewigen Liebe ist bei ihnen ein höchst erstrebenswertes Ziel, welchem sie mit ganzem Herzen folgen. Vielleicht lässt gerade dies ihre Erscheinungen so zart und durchscheinend wirken? Vielleicht fühlen wir Menschen uns gerade deshalb so stark zu diesen schönen Wesen hingezogen? Das Gute daran ist, wir wissen es nicht und werden es wohl nie erfahren, denn dies ist ihr Geheimnis.

LUFT

Von sanften Feen und wilden Sturmgeistern

Die Luft ist ein unsichtbares Element. Man kann sie weder greifen noch sehen noch eingliedern. Sie ist sozusagen das perfekte Sinnbild von Freiheit. Von sanft bis kräftig, von ruhig bis stürmisch, von eisig kalt bis trocken warm – die Luft kann alles sein.

Wir alle wissen, dass ohne das Element Luft niemand auf dieser Welt überleben könnte. Dennoch wird die Luft oft als etwas Alltägliches angesehen. Es mag daran liegen, dass unser Körper „automatisch" atmet und wir das Atmen nicht bewusst steuern müssen. Es mag auch daran liegen, dass sie mit bloßem Auge nicht zu sehen, sondern lediglich spürbar ist. Doch gerade mit diesem Element sind wir körperlich fast so stark wie mit dem Wasser verbunden. Unsere Lungen befinden sich in ständigem Austausch mit der Luft und folglich auch mit den Luftgeistern. Es sind dies wilde und ungestüme Wesen, doch sie können ihr Temperament sehr gut zügeln und im selben Atemzug sanft und zärtlich sein.

Die Naturwesen der Luft befinden sich immer in Bewegung und sind eher von zarter, durchscheinender Gestalt. Sie mögen die Abwechslung, neue Orte zu erkunden, und den Austausch mit dem Leben. Ihre Feinfühligkeit macht sie auch besonders empfänglich für Schwingungen aller Art. Seien dies Gedanken, Gefühle, Emotionen, Worte oder aber Elektrizität und Abgase. Früher oder später landet alles bei ihnen.

Wenn wir nun einmal den physischen Einfluss der Luft auf die Lebewesen weglassen, gelangen wir in tiefe und vor allem weite Bereiche. Die Auseinandersetzung mit diesem Element schafft einen klaren Kopf, einen luftigen Geist und frische Gedanken. Natürlich kann auch das Gegenteil der Fall sein, wenn man sich zum Beispiel zu wenig mit diesem Element beschäftigt.

Die Luft steht für den Lebensatem und zugleich auch für den Lebenssinn oder vielleicht besser bekannt als die Lebensaufgabe. Natürlich steht dieses wundervolle Element noch für viele Dinge mehr, aber es ist dieser Lebensatem, welcher uns Menschen am meisten beschäftigt. Wer das Gefühl hat, fehl am Platz oder unwichtig zu sein oder ohne Ziele und Träume durch die Welt zu irren, der sollte sich einmal mit den Luftgeistern unterhalten. Denn wer seine Lebensaufgabe erkannt und akzeptiert hat, der findet Frieden im Herzen und im Sein. Und sind wir nicht gerade deswegen hier ...?

Wenn der Da'ada schlafen geht

Beginnen möchte ich mit einem Thema, welches beim Menschen oft Furcht auslöst, bei den Naturwesen aber für einen Neuanfang steht: das Sterben.

Erst wäre ich gar nicht auf den Gedanken gekommen, überhaupt etwas darüber zu schreiben. Als mich aber ein kleines Mädchen fragte, ob Naturgeister denn auch sterben können, wurde ich nachdenklich. Der Tod ist in der heutigen Gesellschaft schon seit jeher eine heikle Angelegenheit gewesen. Eine Tatsache, die ich ehrlich gesagt, nie nachvollziehen konnte. Es mag an meiner Verbindung zu den Naturwesen liegen oder an anderen Dingen, aber für mich ist das Leben hier ein wundervolles Abenteuer, eine Schule, und der Zerfall des Körpers am Ende ein Hinübergehen in eine andere Dimension, ein „nach Hause gehen".

Aber lassen wir meine Ansichten beiseite und wenden uns dem Tod bei den Naturwesen zu. Nach der Frage des Mädchens stellte ich eine Bitte an die Naturgeister, ob denn einer von ihnen bereit sei, diese Sache näher zu erläutern.

Kurz darauf flatterte mir eine kleine Elfe auf das Knie. Wie die meisten Luftgeister war sie von zartem Wuchs und heller Haut. Ein paar prächtige, blassblaue Flügel verliehen ihr eine imposante Ausstrahlung. Ihre fast weißen Haare wirbelten ständig um ihr feines Gesicht und daraus funkelten mich zwei wolkig weiße Augen an. Die Elfe stellte sich als Lil-Alin vor und würde sehr gerne davon berichten, wie sie das erste „Dahinscheiden" eines Bekannten miterlebt hatte.

Die augenblickliche Reaktion von Lil-Alin führte mir wieder einmal mehr vor Augen, wie gut uns die Naturwesen verstehen und wie gerne sie uns helfen. Ganz gleich, was für eine Frage man stellt, irgendein Wesen findet sich immer, dass sie auf seine Art beantworten möchte.

Lil-Alin:

„Ich erinnere mich noch gut daran, als Feilas einschlief. Für eine lange, lange Zeit war er unser ‚erster

Vater‘, unser Da’ada gewesen. Natürlich haben wir auch eine ‚erste Mutter‘ die Da’adai. Sie sind unsere Anführer, unsere ersten Sprecher und sie sorgen dafür, dass alles ungehindert fließen kann. Wenn jemand von uns Schwierigkeiten hat, so sucht man die Da’adai oder den Da’ada auf. Sie finden immer eine Lösung zur Zufriedenheit aller.

Aber auch sonst differenzieren wir uns ein wenig von anderen Elfenvölkern. Wir selbst nennen uns Ninajei, was so viel wie ‚das Glück der Kinder‘ oder ‚die, die Gebären‘ heißt. Ja, wir können, so wie ihr, Kinder kriegen und eine Familie gründen. Ähnlich wie bei euch Menschen und bei den Tieren wachsen wir im Leib unserer Mütter heran. Mit den anderen Unterschieden zu diesem Vorgang möchte ich mich hier aber nicht aufhalten.

Die Ninajei gehören dem Element Luft an, denn wir sind die ‚Luft- und Atemhelfer‘ der Tiere, insbesondere der Vögel und fliegenden Insekten. So wie die Pflanzengeister für ihre Pflanzen und Bäume sorgen, so sind wir für diese Tiere da. Das Wesen der Tiere ist anders als jenes einer Blume oder eines Baumes und so auch wir. Während unsere Luftgeschwister den weiten, offenen Himmel bevorzugen, leben wir meist in Bodennähe. Am liebsten aber auf hohen, einsam stehenden Bäumen, wo der Wind ungehindert durch das Geäst wirbeln kann. Wir steigen mit den Vögeln in die Lüfte und lassen uns gemeinsam mit ihnen wieder auf die Erde fallen.

Nun, ich wollte euch aber an etwas anderem teilhaben lassen. Wir haben kein wirkliches Wort für das Sterben, wir nennen es einfach das Einschlafen. Für uns ist es ein Geschenk, wenn man eines fernen Tages seine Hülle ablegen kann, um dann weiterzuziehen – zurück in den endlosen Äther, aus dem wir alle stammen. Schließlich lebt unsere Seele ja ewig und das Einschlafen ist lediglich ein Hinübergleiten auf die andere ‚Seite'. Als würdet ihr einen Vorhang zur Seite schieben und dahinter entdecken, dass es noch weitere Räume gibt. Meiner Meinung nach geht ihr Menschen viel zu hart und abrupt mit dem Sterben um. Ihr seht es oft als etwas Endgültiges, etwas Hoffnungsloses. Dabei ist es nur der Anfang eines weiteren Abenteuers.

Dennoch kann ich verstehen, dass es für euch nicht immer einfach ist. Wer mit dem Glauben aufwächst, dass der Tod das Ende der Existenz ist, der hat auch davor Angst. Es ist schade, denn der Tod ist ein Teil des Lebens. Wenn eine Sache vergeht, kann eine neue gedeihen, und so setzt es sich immerzu fort – ringförmig, wie eine Spirale. Wahrscheinlich bin ich nicht die Richtige, um euch die Furcht vor dem Sterben zu nehmen, denn ich kann mir nicht vorstellen, wie dieses Gefühl sein muss. Aber ich kann euch sagen, wie wir damit umgehen.

Die Lebensdauer eines Ninajei kann viele, viele tausend Zyklen umspannen. Jahre zählen wir keine, denn jeder Tag ist für uns gleich kostbar und die Einteilung in Zeitabschnitte mindert diese Augenblicke nur, engt sie ein.

Es wird gesagt, dass irgendwann einmal für alle Ninajei der Tag kommt, an dem sie zu müde sind, um weiterzumachen. Wenn die Aufgabe und das Leben beginnen, den Geist zu brechen, und das Fliegen einem keine Freude mehr bereitet, dann ist es so weit, sich schlafen zu legen. Eines Tages wird dies auch bei mir der Fall sein, aber noch bin ich hellwach. Dieses Gefühl, so wird gesagt, kann von einem Moment auf den anderen kommen oder aber langsam immer stärker werden.

An unseren damaligen Da'ada Feilas erinnere ich mich noch so gut, weil es das erste Einschlafen war, das ich miterlebt habe. Bei Feilas kam es wie ein Wirbelsturm.

Es ist an einem strahlenden Frühlingsmorgen gewesen, als der Da'ada von seinem Flug mit dem Bussard zurückgekommen ist und sich auf einem Ast niedergelassen hatte. Die Sonne setzte derweilen unbehindert ihren Weg fort, während Feilas stumm dort gesessen und das Leben um ihn herum beobachtet hatte. Wir Ninajeis wohnen alle zusammen, in einem großen Dorf, meistens auf einem Baum. Ich bin damals die Jüngste von uns allen gewesen, denn auch wenn wir Kinder gebären können, so geschieht dies sehr selten. So aber rief der Da'ada mich an jenem Tage zu sich und hieß mich, mich zu ihm zu setzen. Und dann hatte er begonnen mir von seinem Leben zu erzählen. Er berichtete von seinen Abenteuern, seinen Reisen mit den großen Vögeln, den kleinen Vögelchen und den winzigen Insekten. Er sprach von seinen Erfahrungen, seiner Liebe zum Leben und über das Schlafen. Er ist es gewesen, der mich gelehrt hatte, was die Vergänglichkeit ist. Er war ein wundervolles Wesen, und ich trage ihn noch immer in meinem Herzen.

Ich hatte mit großen Ohren seinen Worten gelauscht, sie in mir aufgesogen. Das Leben ist ein einziger Zyklus, Leben und Tod reichen sich unablässig die Hände. Selbstverständlich war mir dies schon lange klar, bevor Feilas es mir erklärt hatte. Aber, wie bei so vielen Dingen, ist es ein wertvolles Geschenk, wenn ein anderes Wesen seine Ansichten mit dir teilt.

Als es Abend wurde, hatten sich alle Ninajei um Feilas versammelt. Bei jedem Einzelnen hatte er sich für das schöne Sein bedankt. Dann hatte er sich schlafen gelegt. Er streifte seine Hülle ab und zog hoch in den Äther. Ein Teil von ihm aber blieb auf ewig bei uns, lebendig in unseren Erinnerungen.

Für einige Tage haben wir jeden Morgen und jeden Abend ein Lied für Feilas gesungen, um ihm unsere Dankbarkeit und Liebe zu zeigen. Er war nun nicht mehr der Da'ada, sondern würde uns als Feilas in Gedanken bleiben.

Und als wir das Lied zum letzten Mal angestimmt hatten, trat der neue Da'ada hervor. So konnte sich der alte Kreis schließen und ein neuer begann.

Trauer über Feilas Verlust verspürten wir keine. Natürlich fehlte er uns allen sehr, doch es ist der Lauf der Dinge, dass alles einmal vergeht. Schließlich dreht Feilas nun seine Runden im endlosen Äther, und wenn es ihm beliebt, kann er in ferner oder naher Zukunft immer wieder auf Mutter Erde kommen. Vielleicht aber zieht es ihn erst an andere, ihm noch unbekannte Orte.

Über alle diese Dinge machen sich die Ninajei keine Sorgen. Wir leben im Moment, im Jetzt, und wenn der Tag da ist, dann wechseln wir bloß den Ort. Wir leben ewig, genauso wie ihr, das steht für uns nie außer Frage. Nur unsere Ansichten unterscheiden sich bisweilen von den euren. Seelen sind bereits unsterblich, wieso also sollten wir nach Unsterblichkeit hier auf Mutter Erde trachten?

Es ist ein wenig so, wie wenn ihr ein gutes Buch lest. Auch dieses geht irgendwann zu Ende und kurz darauf beginnt ihr wieder mit einem neuen Buch – ganz gleich, wie sehr euch das alte gefallen hat.

So sehen die Ninajei das Schlafen, so sehen die Naturwesen das Sterben und so sahen und sehen viele alte Menschenvölker den Tod. Ein Kreis schließt sich und dann kann sich ein neuer formen ...“

Wenn zwei Winde sich treffen

Es war ein windiger Tag, typisches Aprilwetter. Zuvor warm, Sonnenschein und nun grauer Himmel. Große Kraft liegt im Wind und es ist ein schönes Gefühl, wenn einen die Windgeister umtanzen. Die Luft weiß über alles etwas zu sagen und so war ich nicht verwundert, als sich mir ein Sturmgeist zeigte. Er war ein stürmischer Geselle und machte seinem Namen alle Ehre. Er hüpfte durch die Luft, stand einmal links, rechts, vor oder hinter mir, lachte und drehte sich im Kreis. Einen Sturmgeist beschreiben zu wollen ist alles andere als einfach, glaubt mir. So schnell, wie sich der Wind drehen kann, so rasant ändern seine Geister ihr Auftreten. Was ich aber deutlich fühlen konnte, war die Gegenwart einer männlichen Präsenz. Bilder von gewaltigen Stürmen tauchten vor meinem geistigen Auge auf. Gleichwohl, dass diese Erscheinungen von zerstörerischer Kraft gelenkt waren, waren sie doch von tiefer Liebe durchdrungen.

Ein Sturmgeist bleibt nie lange. Unser Freund hier „schickte" mir seine Geschichte und verschwand wieder. An einem Ort verweilen liegt nicht in ihrer Natur. Sie finden ihre Bestimmung im Umherwandern.

Ahalljon ist ein Sturmgeist aus der Mitte oder von oben, was er uns später noch genauer erklären wird. Gerade dieser Umstand machte seine Geschichte so besonders. Entgegen allen Erwartungen war seine Stimme ruhig und sanft, das Gegenteil seines turbulenten Äußeren. Wenn er sprach, hatte man das Gefühl, im Auge eines Tornados zu sitzen.

Ahalljon:

„Vor sehr langer Zeit hat es sich zugetragen. Damals habt ihr Menschen noch keine Räder und Maschinen gekannt und ich bin noch nicht hier gewesen. Die Geschichte handelt von den Eltern meiner Eltern. Ihr würdet sie, glaube ich, Großeltern nennen. Auch wir können Kinder bekommen, wenn auch anders als ihr. Unsere Kinder werden aus der Liebe zwischen zwei Geistern geboren. Unsere Mütter tragen uns nicht in ihren Leibern, wie eure dies tun. Wir werden aus dem ‚Nichts' erschaffen, dank der Kraft der Liebe. Leider fehlen mir die passenden Worte, es zu erklären. Aber schließlich benötigen wir Geister dafür auch keine Worte. Ich selbst habe eine Tochter, und ich käme nie auf die Idee, euch mein Erlebtes mit Worten beschreiben zu wollen. Keine Magie der Welt käme meinen Gefühlen auch nur nahe ...

Ich will euch aber von meinen sogenannten Großeltern erzählen. Schließlich verdanken wir es ihrer Liebe, dass es die ‚Ruhe vor dem Sturm' oder das ‚Auge des Sturms' überhaupt gibt. Natürlich hat es diese beiden Dinge zuvor schon gegeben, aber nicht so deutlich spür- und messbar.

Meine Großmutter trug den Namen Fellbrella, was bei uns so viel wie zarter Windhauch bedeutet. Sie war auch die Tochter vom König und der Königin der Sturmgeister, deren ‚Reich' mitten im Himmel lag – also oben. Auch bei uns Sturm- und Windgeistern gibt es verschiedene Stämme. Es gibt jene von Osten, Westen, Süden und Norden. Dies sind die vier großen Stämme der Winde und ein jeder von ihnen hat seine Könige. Und dann gibt es noch die Winde der Mitte, deren Könige die Höchsten aller Sturmgeister sind. Der Stamm der Mitte ist zuständig für die obersten Luftregionen. Sie leben direkt unter eurer sogenannten Ozonschicht. Ihre Aufgabe ist sehr wichtig, denn ohne die Geister der Mitte wäre niemand mehr da, der die Ozonschicht von den schädlichen Einflüssen von unten beschützen würde. Allerdings ist dies in letzter Zeit ein schier unmögliches Unterfangen, aber das wisst ihr ja selbst, liebe Freunde.

Hierzu möchte ich gerne noch etwas weiter ausholen. Jeder Sturmgeist ist zugleich ein Windgeist, aber nicht jeder Windgeist ist auch ein Sturmgeist. Dies ist gut zu wissen. Die Windgeister der Mitte leben über den Wolkengeistern, mit denen sie sehr gut befreundet sind. Der Stamm der Mitte kommt so gut wie nie tiefer als die letzte Wolke. Ganz anders als die vier großen Stämme der Winde. Diese steigen nicht gerne über die Wolken.

Fragt mich nicht, liebe Freunde, wieso dies so ist. Soweit wir uns zurückerinnern können, ist es immer schon so gewesen. Manche von euch Menschen gehen auch lieber in den Süden, während andere den Norden bevorzugen. Hin und wieder hüpft aber auch jemand von uns aus der Mitte hinab auf die Erde, so wie ich es getan habe. Denn um die Luft und die Winde verstehen zu können, muss man auch unsere Position darin erfassen können. Also bin ich hierher gekommen. Es ist seltsam für mich, so tief zu sein, mit der Erde greifbar nahe. Mich bedrückt und beengt es, deshalb werde ich auch bald wieder verschwinden.

Mein Stamm von der Mitte nennt sich deshalb so, weil wir gemeinsam mit den Windgeistern der vier Stämme und den Geistern aus dem Universum arbeiten. Wir sorgen für einen gefahrlosen Übergang und schützen somit den Planeten vor Einflüssen von außen und innen zugleich. Früher war das Außen immer unsere größere Sorge gewesen, denn die Energien aus dem All sind meist zu stark für die Wesen auf Mutter Erde. Dies ist ein weiterer Grund, weshalb die Erde die Ozonschicht gebildet hat – nicht nur des Sauerstoffes wegen.

In unserem Reich wird auch die Reinigung der Luft in allen Bereichen vollzogen; von Verschmutzungen, Elektrizität, Gedanken und Worten. Auch dies obliegt zum Teil unserer Verantwortung. Die vier Stämme der Winde sortieren aus, und alles, was zu fein ist, um in ihren ‚Netzen' hängen zu bleiben, steigt hoch zu uns. Und wenn wir die Überbleibsel nicht reinigen können, bleiben sie an der Ozonschicht haften. Einer stabilen Ozonschicht schadet dies überhaupt nicht, denn auch sie hat ihre eigenen Filter. Mittlerweile sind diese aber verklebt und wir – genauso wie die vier Stämme – werden der Lage nicht mehr lange Herr sein können. Dies ist eine Tatsache, ebenso wie eine Aufforderung. Wenn der Stamm der Mitte zusammenbricht, folgt die Ozonschicht ...

Fellbrella, meine Großmutter, war ein sehr sanftes Wesen. Sie war viel zu zart und leise für einen Windgeist. Und auch wenn die Geister der Mitte anders sind als die vier großen Stämme, so war doch deutlich, dass Fellbrella zu ruhig war. Ein Windgeist ist immer leicht in Bewegung, selten steht er still. Es ist etwas, das wir nie lernen. Aber Fellbrella, sie konnte still stehen, tagelang. Dies ist eine Fertigkeit, die ein Windgeist nur im Auge eines Sturmes vollbringen kann. Bei jedem Sturm gibt es einige von uns, die lieber zuschauen wollen. Diese sammeln sich in der Mitte des Unwetters und werden langsamer. So entstehen die Ruhepausen in einem Sturm oder Tornado. Dennoch können wir auch dort nicht ganz ruhig stehen, sondern müssen uns stets schleichend fortbewegen.

Der Stamm der Mitte machte sich also zusehends Sorgen um Fellbrella, denn schließlich sollte sie eines Tages ihre Königin werden. Vieles wurde unternommen, aber nichts konnte Fellbrella vom Stehen abhalten. In ihrer Verzweiflung schickten der König und die Königin ihre Tochter sogar auf die Erde hinab. Sie hofften, die vier großen Stämme der Winde würden ihr vielleicht helfen können.

Fellbrella

Fellbrella begann ihre Reise beim Stamm des Ostens. Sie lernte eine Menge Dinge bei ihnen, blieb aber immer noch oft stehen. Also brachte der Stamm des Ostens sie zum Stamm des Westens. Osten und Westen waren sich gegensätzlich und so dachten sie, der Westen könne der Prinzessin beibringen, was sie nicht vermocht hatten. Aber auch der Stamm des Westens scheiterte und meinte, so etwas hätten sie noch nie erlebt. Der heißblütige Stamm des Südens würde Fellbrella sicherlich helfen können. So wurde die liebe Prinzessin zum Stamm des Südens gebracht. Im Süden wird immer viel getanzt und gefeiert. Alles dreht sich in einem endlosen Tanz. Fellbrella aber stand in der Mitte und betrachtete das Schauspiel. Es gefiel ihr sehr gut, schweigend zuzuschauen. Der Stamm des Südens aber wurde ob so viel Ruhe nur noch nervöser. Jetzt ruhten alle Hoffnungen auf dem harten und kalten Stamm des Nordens.

Als Fellbrella dort ankam, war alles anders. Der Stamm des Nordens war rau und wild und wie kein anderer Stamm waren sie eins mit ihrer Umgebung. Hier „fraß" der Wind Löcher in den Fels, peitschte die See auf, warf Bäume hin und her und formte die Landschaft nach seinen Launen. Fellbrella war fasziniert von der schöpferischen Wildheit des Nordens. Und anders als die anderen Stämme erkannte der Stamm des Nordens, was die Prinzessin für den Wind bedeutete. Sie war der Gegenpol zu all dieser mächtigen Kraft, das Auge, um welches sich der Sturm wand. Sie war die Windstille. Sie war die Stärkste von allen Windgeistern, denn nur sie alleine konnte den Wind beschwichtigen. Wahrlich, sie war die geborene Königin aller Winde.

So beschloss der Stamm des Nordens, die Prinzessin erst wieder fortzuschicken, wenn diese es wünschte. Fellbrella wurde in ihren Stamm aufgenommen, wurde eine von ihnen und lebte auf. Sie begann zu tanzen und zu singen. Manchmal aber stand sie nur da, beobachtete ihre Freunde beim Herumwirbeln und war zufrieden.

Es war einige Zyklen später, als Tahachian, der wildeste Nordgeist, von seinen Reisen nach Hause kam. Wo Fellbrella ruhig und sanft war, war Tahachian wild und rastlos. Der Sturmgeist verliebte sich augenblicklich in die Prinzessin und sie erwiderte seine Liebe. Kurze Zeit darauf wurde Hochzeit gefeiert. Sämtliche vier Stämme und der Stamm der Mitte waren dazu eingeladen. Fellbrellas Eltern waren zu Beginn schockiert über die Wandlung ihrer Tochter. Sie führten lange und tiefe Gespräche mit den Geistern vom Norden und begannen dann, ihre Tochter mit neuen Augen zu sehen. Der König und die Königin vom Stamm der Mitte erkannten in ihrer Tochter die Seele des Windes selbst und waren glücklich. Tahachian wurde vom Stamm der Mitte aufgenommen und lebte mal hier und mal dort. Fellbrella aber kehrte danach wieder zurück ins Reich der Mitte und wurde deren Königin. Hin und wieder stieg sie hinab und feierte mit den vier großen Stämmen. Sie und Tahachian wurden ein weises Königspaar, denn sie ergänzten sich in allen Bereichen wundervoll. Ihre Heimat lag weit über den Wolken und hoch im wilden Norden. Viele Abenteuer haben sie während ihres Lebens hier auf Mutter Erde erlebt, einige gemeinsam, andere alleine.

Und seither ist es bei uns Tradition, während eines Sturmes es zumindest zu versuchen, ganz ruhig stehen zu bleiben. So, wie es einst Fellbrella getan hatte. Es erinnert uns daran, dass der Wind nicht immer in Eile sein muss, um er selbst sein zu können. Wir Windgeister finden unsere Zufriedenheit in der Bewegung und unsere Ruhe in der Windstille. Genauso, wie der Mensch mit seinen Füßen vorwärtsgeht und die Ruhe in sich selbst findet.

Mit diesen Worten mache ich mich wieder auf den Weg nach oben, in die Endlosigkeit des Himmels. Mögen die Winde euch nie verlassen.“

Eine kleine Anmerkung meinerseits zum Abschluss. Bei den Windgeistern bedeutet die Aussage „wenn zwei Winde sich treffen“, sich zu verlieben.

Das Geschenk der Schmetterlinge

Dies ist eine kurze und sehr liebevolle Geschichte von der Freundschaft zwischen Feen und Schmetterlingen. Wobei wir auch die Elfen dazuzählen sollten, aber erzählt wurde mir das Ganze von einer zarten Blumenfee. Sie tauchte an einem warmen Sommertag auf, ließ ihre kleinen, bunten Flügel weit offen und hatte ein fröhliches Gesicht. Die Stärke, welche von solch einem winzigen Geschöpf ausging, faszinierte mich. Neugierig sahen wir einander an, maßen uns mit den Blicken, während um uns herum alles seinen gewohnten Gang ging. Vögel sangen, Insekten summten und die Schafe blökten.

Irgendwann hatte die kleine Fee dann beschlossen, mir ihre Geschichte zu erzählen, und so begann sie mit einer feinen Stimme zu sprechen:

„Es wird gesagt, dass die Feen nicht immer Flügel trugen. Einst, vor langer, langer Zeit, die noch keinen Namen hat und auch nie einen tragen wird, mussten sie noch zu Fuß gehen. Damals war es für die Feen nicht so einfach, ihre Aufgaben zu erfüllen. Ihre zarten, durchscheinenden Körper wurden von den anderen Elementen manchmal wild herumgeweht und gerollt. Oftmals kamen sie zu spät, um ihre Blüten rechtzeitig zu schließen, und so wurden die schönen Blumen von Wind und Regen schnell in Mitleidenschaft gezogen. Aber auch die Feen selbst hatten ihre Mühe mit den höher wachsenden Blumen, mussten sie bei ihnen doch hochklettern, und das an manchmal sehr abgelegenen Stellen.

Ganz gleich wie mühselig die Arbeit aber war, beklagten sich die Feen nie. Mutter Erde würde schon einen guten Grund für diese Entscheidung gehabt haben, und so akzeptierten sie es.

Es wird gesagt, dass die Schmetterlinge in jener Zeit nur einen einzigen Tag als Raupe verbrachten. Damals war ihr Wunsch, fliegen zu können, sehr groß, es hielt sie nie lange in ihren gefräßigen, schwachen Raupenkörpern. Schnell begannen sie ihre bunten Flügel zu entfalten, um die Welt und den Himmel zu erkunden. Die Feen blickten ihnen dann verzaubert hinterher. Selbst wenn ihre Aufgabe das Überwachen von Pflanzen war, so gehörten die meisten Feen doch dem Luftelement an, und dies führte zu manch wilden Träumen. Viele Feen verspürten eine innere Unruhe, das Gefühl, nicht vollkommen zu sein.

Die Schmetterlinge hingegen trugen ihre farbigen Flügel durch Tage und Nächte, wärmten sich an den Sonnenstrahlen und stiegen hoch in die Lüfte. Nahrung fanden sie stets in den Blumen, welche von den Feen gehegt und gepflegt wurden. Es dauerte also nicht lange, da wurden die Schmetterlinge und Feen gute Freunde. Manchmal nahmen die Schmetterlinge sogar einige der Feen auf ihren Rücken mit und flogen gemeinsam über die Wiesen. Wie gingen da die Herzen der zarten Feen auf und ihre Gemüter erhellten sich noch mehr.

Es wird berichtet, dass einst eine besonders stürmische Zeit anbrach. Die Windgeister tobten viele, viele Tage und Nächte lang, und als sie sich endlich beruhigt hatten, lagen die Felder brach. Sämtliche Blumen waren platt gedrückt und die Feen tief in der Erde vergraben. Dort hatten sie sich zum Schutz zurückgezogen und als sie nun wieder an die Oberfläche kamen, wurden die sanften Feen sehr traurig. In liebevoller Arbeit machten sie sich daran, ihre

Schützlinge wieder aufzurichten, doch sie brauchten lange dafür. Trotz ihrer Mühen starben viele der schönen Schmetterlinge, weil es zu wenige Blüten mit Nektar für sie gab. Da erkannten die Schmetterlinge, dass dies alles nicht geschehen wäre, wenn die Feen hätten fliegen können, so wie sie. Sie wären rascher bei den notleidenden Blumen gewesen, um ihnen zu helfen sich aufzurichten, so dass die Schmetterlinge genügend Nahrung gehabt hätten.

Also wurde die erste Schmetterlingskonferenz einberufen, und sie währte viele Tage. Hitzig wurde diskutiert und ausgerufen, leidenschaftlich gesprochen und dem Herzen vertrauend schließlich eine Lösung gefunden. Die Schmetterlingssprecher flogen nach dem Beschluss zu Mutter Erde und baten sie um einen Gefallen, nämlich den Feen Flügel zu verleihen. Ich darf hier anmerken, dass die gütige Mutter sehr stolz auf die kleinen Schmetterlinge war und es noch immer ist, denn ihre Selbstaufopferung bereicherte die Leben vieler Wesen!

Und seit jenem Tag besitzen auch die Feen Flügel. Die Schmetterlinge aber müssen erst viele Tage als Raupen leben, ehe sie ihre bunten Schwingen entfalten können. Sie müssen essen, essen und nochmals essen und erst dann können sie sich von ihren plumpen Körpern befreien. Das selbstlose Geschenk der Schmetterlinge hat es den Feen ermöglicht, zu den wundervollen Wesen zu werden, wie wir sie heute kennen. Zieht ein Sturm auf, können die Feen die Blumen rechtzeitig schließen und danach wieder öffnen, so dass kein Nektar verloren geht. Aber auch um die Schmetterlinge kümmern sie sich liebevoll. Sie singen und tanzen mit den Schmetterlingen, führen sie zu den prächtigsten Blumen und veranstalten gar

Feste für sie. Und sobald sich einer ihrer geflügelten Freunde auf die letzte Reise begibt, umschwärmen sie ihn, bleiben bei ihm, bis dass seine Flügel vergehen.

Nie haben die Feen vergessen, wem sie ihre einzigartigen Flügel verdanken, und nie werden sie aufhören, sich dafür zu bedanken. Und so haben die Schmetterlinge einen Teil von sich aufgegeben zum Wohle aller – Pflanzen, Tiere und Menschen. Deshalb sieht man so viele Schmetterlinge von Feen (und auch Elfen) begleitet. Denn in diesen zarten Tieren steckt mehr, als mit bloßem Auge sichtbar ist. Sie haben gezeigt, dass man trotz geringer Größe dennoch den Lauf der Welt verändern kann."

Wie man einen Windgeist fängt

Ich lag im Garten, hatte die Augen geschlossen und ließ mich von den Sonnenstrahlen wärmen. Ein leichter Wind ging umher und brachte die Blätter des Baumes über mir zum Rascheln. Die Vögel sangen, Insekten brummten und meine Gedanken begannen mit dem Luftstrom zu wandern. Der Wind trug meinen Geist durch den Himmel, hoch und runter und unter mir kitzelte das Gras meinen Nacken.

Ob die Naturwesen sich wohl auch Geschichten über Menschen erzählten? Dieser Gedanke schoss wie aus dem Nichts durch meinen Kopf und die Antwort kam ebenso unerwartet schnell. Ein winziges Wesen, einem kleinen Lichtpunkt gleich, ließ sich auf meinen Händen nieder. Das zarte Feenmädchen war nicht größer als mein Daumen und leicht wie eine Feder. Mit durchscheinenden Flügeln und hellen Haaren, die wirr in alle Richtungen abstanden, war es wirklich lieblich anzusehen. Mit seiner hohen Stimme erklärte das Feenmädchen mir, dass die Luftgeister beschlossen hatten, eine spezielle Geschichte mit mir zu teilen. Das Feenmädchen war ein Luftgeist „der milden Winde“, wie sie im Sommer anzutreffen sind, und als solches eine eher ruhige Gefährtin.

Dies sei eine schöne Geschichte, erklärte mir das Feenmädchen, denn sie zeige, wie erfüllend der Einfluss von Naturwesen auf das Leben eines Menschen sein konnte:

„Dies ist die Geschichte von Gaiman, dem Weisen aus der Stadt, noch bevor er diesen Titel trug.

Der Menschenjunge Gaiman wuchs in armen Verhältnissen auf, doch er konnte dieser Armut dank seiner Intelligenz entrinnen. Als junger Mann wusste er bereits mehr als die meisten alten Männer. Wissen bedeutete für Gaiman Macht und ein gutes Einkommen. Er heiratete weit über seinem ehemaligen Stand, nämlich die hübsche Tochter des Stadtherrn, und lebte fortan in einem stattlichen Haus. Dennoch war Gaiman kein glücklicher Mensch, denn er wusste nichts mit sich selbst anzufangen.

Als seine hübsche Frau schwanger wurde, dachte Gaiman, dass ein eigenes Kind ihn sicher von seiner Gleichgültigkeit erlösen würde.

Bald war seine kleine Tochter auf der Welt. Aber selbst ihr süßes Wesen konnte Gaiman nicht erfreuen. Der junge Vater verlor sich im Alkohol, wurde unfreundlich und unbeliebt. Und da der Stadtherr sehr um den Ruf seiner Familie besorgt war, jagte er den jungen Mann schließlich davon.

So war es das erste Mal, dass Gaiman die Stadt verließ. Verloren irrte er umher, verdingte sich hier und dort als Taglöhner.

Der Winter kam und Gaiman fand eine Bleibe beim Zahlenmeister eines kleinen Dorfes. Als Gegenleistung für seine Hilfe ließ dieser Gaiman bei sich wohnen. Auch wenn der junge Mann sehr dankbar dafür war, blieb er unglücklich.

Es war hier, als er das erste Mal vom weisen Mann im Wald hörte. Dieser Wald erstreckte sich hinter dem Dorf bis weit an den Horizont, und in seiner Mitte ragte ein gewaltiger Berg auf. Neugierig ging Gaiman zur alten Nachbarin, denn sie war hier aufgewachsen und kannte jeden aus der Gegend.

‚Der weise Mann', erzählte die alte Frau ihm, ‚hat schon im Wald gelebt, da war meine Großmutter noch nicht auf der Welt. Wenn kein Heiler dir mehr helfen kann, dann kann er es. Gehe in den Wald Richtung Sonnenuntergang und irgendwann wirst du ihm begegnen.‘

Gaiman dankte der alten Frau und machte sich unverzüglich auf den Weg.

Lange wanderte er durch den Wald. Vorbei an murmelnden Bächen, über weiche Moosteppiche, unter schützenden Baumkronen und immer begleitet vom Zwitschern der Vögel. Gaiman hatte keine Ahnung, wie man einen weisen Mann finden konnte, aber er ging unermüdlich weiter in Richtung Sonnenuntergang. Eines Tages jedoch begegnete er unverhofft auf einer Lichtung dem weisen Mann.

Es war ein merkwürdiger Geselle, mit einem weißen Bart, der ihm bis fast auf den Boden reichte. Blätter, Wurzeln und Steine hingen darin und dichte Augenbrauen ließen zwei blaue Augen beinahe verschwinden. Der weise Mann hielt einen Stab in den Händen und war in seltsame Gewänder gekleidet. Gaiman war sich nicht sicher, aber er glaubte zu sehen, wie dessen Kleidung manchmal die Farbe wechselte. Sicherlich muss es ein Trugbild sein, dachte er.

‚Sei mir gegrüßt, junger, unglücklicher Gaiman‘, sagte da der Weise.

Gaiman fragte sich, woher der weise Mann wohl seinen Namen kenne, traute sich aber nicht, ihn zu fragen. Höflich grüßte er zurück.

‚Hast du mir das Wertvollste in deinem Besitz mitgebracht?‘, verlangte da der Weise zu wissen.

Gaiman schüttelte den Kopf. ‚Ich wusste nicht, dass ich dir etwas mitbringen soll. Aber ich hätte dir so oder so nichts geben können, denn ich besitze nichts mehr außer mir selbst.‘

Da schüttelte der Weise liebevoll den Kopf. ‚Gaiman, Gaiman. Du selbst bist das Wertvollste, dass es in deinem Leben gibt, und du kannst dich selbst nicht verschenken. Aber ich will dir helfen, wenn du mir stattdessen etwas anderes bringst.‘

Der junge Mann dachte kurz nach und nickte dann. ‚Einverstanden.‘

‚Gut‘, meinte der weise Mann und zeigte auf die Bergspitze hinter sich. ‚Siehst du diesen dunklen Fleck dort oben? In dieser Höhle wohnt der Windgeist Barbatos. Bring ihn zu mir hinunter, dann werde ich dir helfen.‘

Von solch einem Wesen hatte Gaiman noch nie zuvor gehört, aber er war verzweifelt und beschloss, es wenigstens zu versuchen. So machte Gaiman sich auf den Weg und erklomm den Berg. Trotz seines klugen Verstandes hatte er keine Idee, wie man einen Windgeist fangen konnte, geschweige denn sich etwas unter einem Windgeist vorzustellen.

Oben angekommen wollte er gleich mutig eine Höhle betreten, doch ein solch starker Wind blies ihm entgegen, dass er zurückgeworfen wurde. Auch nach einem zweiten und dritten Versuch blieb Gaiman erfolglos. Da begann er den Gipfel nach einem anderen Eingang abzusuchen. Aber bei jeder Spalte, die er mutig betreten wollte, wurde er von einem kräftigen Windstoß wieder hinausgetrieben. Schließlich ging Gaiman wieder zurück zum Höhleneingang. Er setzte sich hin und dachte nach. Es musste doch irgendeine Möglichkeit geben, diesen Windgeist hinauslocken zu können. Lange saß er so da und überlegte.

Was Gaiman damals noch nicht wusste war, dass alle Luftgeister furchtbar neugierige Wesen sind und das kam ihm zugute. Der Windgeist Barbatos war begierig zu wissen, wie es diesen jungen Mann hierher hatte verschlagen können. Also beschloss er den Menschen zu fragen. Er passte sein Äußeres an das Erscheinungsbild eines Menschen an, damit er den jungen Mann nicht zu sehr einschüchterte.

‚Junger Mann', sagte da Barbatos mit seiner mächtigen Stimme und erschreckte Gaiman sehr. ‚Darf ich fragen, weshalb du hier bist?'

Gaiman rang seine Furcht nieder und stand auf. Der Windgeist sah wahrlich seltsam aus, schien ihm aber kein unfreundlicher Geselle zu sein. Seine Gestalt änderte sich unablässig, nur die himmelblauen Augen blieben immer dieselben.

‚Sei mir gegrüßt, Barbatos', antwortete Gaiman dem Windgeist. ‚Ich bin hier, um dich einzufangen.'

Das verblüffte Barbatos. ‚Mensch! Niemand kann den Wind einfach so einfangen.'

Doch Gaiman ließ sich davon nicht aus der Ruhe bringen. ‚Der weise Mann hat mir gesagt, dass er mir helfen würde, wenn ich dich einfange. Wenn er mich darum bittet, muss es auch möglich sein.'

Das Lachen des Windgeistes ließ die Luft erzittern. ‚Der weise Mann aus dem Wald?', meinte er glucksend vor Lachen. ‚Mein guter Junge, wie glaubst du denn, mich fangen zu können?!'

‚Ich bin einer der Klügsten aus meiner Stadt. Ich weiß viele Dinge, von denen andere keine Ahnung haben', erwiderte Gaiman mit stolzer Brust.

Da aber musste der Windgeist so herzhaft lachen, dass seine Gestalt in alle Winde zerstreut wurde.

Gaiman setzte sich verärgert wieder hin. Er würde es diesem Windgeist schon zeigen. Nachdem Barbatos sich wieder gesammelt hatte, beschloss er, den jungen Mann zu beobachten. Er war gespannt, ob der Mensch wirklich so klug war, wie er behauptet hatte. Denn um ihn fassen zu können, bedurfte es einer anderen Weisheit als jene, die der junge Mann bereits besaß.

So verharrten sie viele, viele Tage. Gaiman hielt sich die meiste Zeit vor der Höhle auf und überlegte, wie er den Windgeist einfangen könnte. Barbatos aber streifte wild umher, ganz seiner Natur entsprechend. Wann genau der Windgeist entschieden hatte, diesem Menschen zu helfen, wusste er selbst nicht mehr. Etwas an Gaiman faszinierte ihn. Immer wieder brachte er ihm Nahrung und nach einiger Zeit begannen sie sogar Gespräche zu führen. Der Windgeist lehrte den wissbegierigen Mann viele Dinge. Er weihte ihn in die Gesetze der Natur ein, berichtete über das Leben der Naturwesen und ließ Gaiman an seinem Alltag teilhaben. Dennoch verlor Gaiman nie sein Ziel aus den Augen und suchte unablässig nach einem Weg, Barbatos einzufangen.

Der Frühling ging in den Sommer und der Sommer in den Herbst über und Gaiman war noch keinen Schritt weitergekommen. Er sah sich vor einer unlösbaren Aufgabe und musste sich eingestehen, dass er versagt hatte. Hier gab es für ihn nichts mehr zu tun und so machte er sich geschlagen an den Abstieg. Der Windgeist bemerkte sein Fortgehen und eilte dem jungen Mann hinterher.

‚Gaiman', rief der Windgeist verwirrt aus, ‚wieso verlässt du mich?'

Da sah der junge Mann ihn traurig an. 'Ich konnte dich bis jetzt nicht einfangen, also bin ich wohl zu dumm dafür ...‘

Barbatos war erschüttert, dass sein Freund so von sich selbst dachte. ‚Junger Mann‘, sagte der Windgeist da freundlich, ‚aber du hast mich doch schon lange gefangen und wieder frei gelassen. Ich bin doch dein Freund!‘

Gaiman schüttelte den Kopf. ‚Aber der weise Mann hat gesagt ...‘

‚Worte, lieber Freund, Worte‘, unterbrach ihn Barbatos sanft. ‚Hast du mir denn nie zugehört? Du denkst immer nur hiermit‘, er zeigte auf Gaimans Kopf, ‚und nie damit.‘ Seine Hand legte sich auf das Herz des jungen Mannes.

Und da erst begann Gaiman langsam zu verstehen. Er erkannte, dass Worte stets nur die eine Sicht beschreiben konnten. *Bring ihn zu mir hinunter.* Der weise Mann aus dem Wald hatte nie etwas von einfangen gesagt. Nur er, Gaiman, hatte geglaubt, er müsse den Windgeist einfangen. Dabei war die Aufgabe immer eine andere gewesen. Barbatos war sein Freund, er lebte in seinem Herzen, er lebte in der Luft und so würde er immer mit Gaiman sein. Bei jedem Atemzug nahm er einen Teil von Barbatos in sich auf und ließ ihn dann wieder ziehen. Freundschaft bestand aus Geben und Nehmen. Gaiman musste lachen, als er erkannte, wie einfach es doch war. Tief holte der junge Mann Luft und hielt diese einen Moment in seinen Lungen fest. Dann atmete er laut aus. Das Leben konnte man nicht einfangen, geschweige denn festhalten. Es war immer da und manchmal vergaß man gerade diese Tatsache.

‚Mein Freund‘, sagte er zu Barbatos.

Der Windgeist war zufrieden. Er drückte den jungen Mann kurz an sich. ‚Nun weißt du.‘

Gaiman nickte dankbar. ‚Ja, nun erst bin ich ein wissender Mann!‘

Es war ein anderer Mensch, der da auf die Lichtung trat. Sämtliche Lasten waren von seinen Schultern gefallen. Der weise Mann erwartete ihn mit einem Lächeln. Seine himmelblauen Augen blitzten amüsiert unter den weißen Augenbrauen hervor.

‚Nun, junger Mann‘, sagte der Weise. ‚Hast du mir mitgebracht, worum ich dich gebeten habe?‘

Gaiman nickte und klopfte auf sein eigenes Herz. ‚Hier ist Barbatos, der Windgeist.‘

Der weise Mann lachte herzhaft und schlug dann mit seinem Stab vier Mal auf den Boden. Daraufhin begann der Boden zu zittern und aus dem Nichts erschien vor Gaiman eine Tür.

‚Du bist nun ein Freund von Barbatos, dem Windgeist. Gebrauche diese Freundschaft weise und kehre nun in deine Welt zurück.‘

Gaiman bedankte sich bei dem weisen Mann und ohne zu zögern trat er durch die Tür. Es war Zeit, wieder nach Hause zu gehen. So also verließ Gaiman den Berg mit Barbatos Höhle, wo er so viel Zeit verbracht hatte. Er ließ den Wald mit dem weisen Mann und sein altes Leben hinter sich. Mit neuer Zuversicht schritt Gaiman aus und fand sich schließlich vor den Toren seiner Heimatstadt wieder.

Tief atmete Gaiman ein und musste lächeln. Zufriedenheit wohnte nun in seinem Herzen und seine Augen sahen weiter als je zuvor. Der junge Mann hatte erkannt, dass es bei dieser Aufgabe um mehr gegangen war, als nur die Freundschaft mit Barbatos zu finden. Er hatte seinen Sinn gefunden und mit diesem auch seine Lebensfreude. Die Luft, der Wind, sie hatten ihn so vieles gelehrt – über das Leben, über den Tod, über die Schöpfung und über sich selbst.

Und da zog sich der weise Mann wieder zurück in seine Höhle, hoch auf dem Berg. Er tanzte frei durch die Lüfte und seine himmelblauen Augen verfolgten neugierig den Weg seines neuen Freundes.

Gaiman aber hielt ein zweites Mal um die Hand seiner hübschen Frau an. Und nicht einmal der Stadtherr hatte etwas dagegen einzuwenden, denn von dem einst unsicheren jungen Mann ging eine Kraft aus, die nicht zu leugnen war. So wurde er seiner Tochter ein liebevoller Vater und seiner Stadt ein kluger Berater. Viele Menschen baten ihn fortan um Rat und er wurde bekannt als Gaiman, der Weise aus der Stadt.

Jedes Jahr aber stieg Gaiman den Berg hoch zu Barbatos Höhle, um seinen Freund, den Windgeist, zu besuchen. Dem weisen Mann allerdings begegnete er nie wieder ...“

WASSER

Auf Tauchgang mit Nymphen und Wasserleuten

Wasser steht für Leben. Wasser steht für Gefühle. Wasser steht für Tiefe. Wasser steht für Reinigung. Wasser steht aber auch für Veränderung.

Ohne Wasser wäre Mutter Erde nicht so, wie sie ist – ein funkelndes Juwel inmitten der Schwärze des Alls.

Eigentlich hätten wir eine Menge von der fließenden Kostbarkeit zur Verfügung. Und doch leiden viele Menschen Durst.

Wasser hat aber auch noch eine andere, wichtige Funktion, abgesehen vom Nähren von Pflanze, Tier und Mensch. Es spiegelt unsere Emotionen wider, zeigt uns zugleich unsere Stärken und Schwächen. Es muss stets abwärtsfließen, während die anderen drei Elemente dies nicht immer müssen. Feuer steigt in den Himmel, Luft ist überall und die Erde kann sich auftürmen zu Bergen und Hügeln.

Die Wassergeister sind mitunter die Gefühlvollsten im Reich der Naturwesen. Himmelhoch jauchzend und zu Tode betrübt – diese Gefühlsschwankungen unterliegen ihrer Verantwortung. Auch haben die Wesen des Wasserelements ihre ganz eigenen Charaktere; wild und sanft, stürmisch, peitschend und zärtlich können sie sein. Wie keine andere Gruppe stehen sie dafür, das eigene Spiegelbild sehen und akzeptieren zu können.

Da auch wir Menschen zu großen Teilen aus Wasser bestehen, haben wir zu diesem Element eine besonders tiefe Verbindung. Schließlich ist der menschliche Körper dazu erschaffen worden, Emotionen empfinden und ausleben zu können. Hierbei spielen die Wasserwesen eine wichtige Rolle. Mit ihrer Hilfe kann man lernen, seine Gefühle zu verstehen und zu beherrschen. Man kann erkennen, wie eine Emotion entsteht und wie man diese optimal steuern kann.

Aber Vorsicht, dies ist keine Reise nur in Nachbars Garten. Denn so „nackt", wie wir geboren werden, so „nackt" nur können wir das Wasserelement wirklich erfahren. Wenn alle gesellschaftlichen Zwänge wegfallen und man wie eine Zwiebel geschält ist, erst dann kann man das Wasser in sich selbst meistern.

Die Nymphe, die das Wasser fürchtete

Begegnet bin ich der edlen Nymphe während eines Spaziergangs am Fluss. Einsam hat sie am Ufer gesessen, den Blick im munteren Wellenspiel verloren. Dieses Bild hatte eine solch starke Anziehungskraft auf mich, dass ich einfach hatte stehenbleiben müssen. Ich grüßte das Wesen höflich. Die Nymphe schrak aus ihren Gedanken auf, verwundert, dass ich sie überhaupt bemerkt hatte. Und dann konnte ich beobachten, wie ihr

Verblüffen sich schlagartig in euphorische Freude umwandelte. Ich hatte sie gesehen und angesprochen.

Wir stellten uns einander vor und Lejaranqualeia setzte sich auf meine Schulter. So gingen wir weiter, und ich berichtete ihr von meinem Vorhaben, ein Buch über die Naturwesen und ihre Erlebnisse zu schreiben. Mehr musste nicht gesagt werden und die faszinierende Nymphe begann von sich zu erzählen.

Lejaranqualeia war, wie alle Nymphen, von unbeschreiblicher Anmut. Ihre langen, weiß-grünlichen Haare erinnerten an Algen, die sachte im Wasser trieben, funkelnd im Licht. Lejaranqualeia spielte gerne damit und auch während sie erzählte, fuhren ihre hellen Finger immer wieder durch ihre Haare. Die Augen der Nymphe waren tiefblau, fesselnd und zeugten von den vielen Zyklen, welche sie durchlebt hatte, und manchmal konnte ich mich selbst darin spiegeln sehen.

Lejaranqualeia:

> „Mein Zuhause ist überall dort, wo Wasser ist. Und Wasser ist überall. Es verbindet alles, und alles ist mit dem Wasser verbunden. Manchmal lebe ich in Quellen, wilden Bergbächen, mächtigen Flüssen, ruhigen Seen und hin und wieder durchstreife ich die endlosen Ozeane, tauche in die Tiefen, dort wo kein Tageslicht hindringt. Am liebsten aber bin ich immer an Bächen und Flüssen. Der beständige Sog, das Blubbern des Wassers, wenn es über Steine hüpft, das beruhigt mich. Es gibt mir Sicherheit und die Gewissheit, dass nichts ewig bleibt – der Strom des Wassers fließt vorüber, nimmt Altes und Neues gleichermaßen mit sich.

Ich trage den klingenden Namen Lejaranqualeia. Als Nymphe habe ich wie alle Wassergeister die Aufgabe, das Wasser zu beseelen und zu reinigen. Dies ist sehr wichtig, denn wenn wir das Wasser nicht beleben, so kann auch nichts anderes von ihm leben. Man nehme nur die Fische. Diese hätten keinen Sauerstoff mehr im Wasser, sie würden die Orientierung verlieren und verenden. Aber auch sämtliche Pflanzen würden sterben. Ohne uns würde das Wasser zu toter Materie und tote Materie kann Pflanzen und Tiere nicht am Leben erhalten, so einfach ist das. Aber eigentlich wollte ich euch etwas anderes erzählen.

Vor langer, langer Zeit, als ich noch eine junge Nymphe war, hat es sich zugetragen ... Damals fürchtete ich das Wasser. Ihr fragt euch nun sicher, wie so etwas sein kann. Ich als Nymphe bin doch ein Wassergeist und dafür zuständig, dass das Wasser gereinigt und aufgeladen wird, so dass es lebenspendend bleibt. Um euch darauf eine Antwort geben zu können, müsst ihr euch noch etwas gedulden. Erst nehme ich euch mit auf eine kleine Reise.

Ich war noch jung damals und wollte nichts davon hören, was die Älteren mir zu erklären versuchten. Geschickt hielt ich mich von ihnen und dem Wasser fern. Ich zog mich zurück an trockene Orte, suchte Wüsten und endlose Steinebenen auf, um allein für mich zu sein. Nach einer Weile akzeptierten die anderen Nymphen und Wasserwesen meine Entscheidung und ließen mich gehen.

Lejaranqualeia

Meine Furcht vor dem Wasser war schwer zu erklären. Es war

ein seltsam bedrückendes Gefühl tief in meiner Brust. Es ließ mich nicht recht ‚atmen', raubte mir die Energie und verwirrte mich. Und eine verwirrte Nymphe kann ihre Aufgabe nicht richtig wahrnehmen. Jedes Mal, wenn ich nur das Tropfen von Wasser hörte, wuchsen unsägliche Schmerzen aus meiner Mitte und ich musste schnellstens fort.

Natürlich versuchte auch ich herauszufinden, woher meine Angst kommen könnte. Aber alle konnten mir immer nur den einen Ratschlag geben und damit wollte ich nichts anfangen können: ‚Alles fließt aus dir, alles beginnt und endet bei dir selbst!'

Und so schob ich jene Gedanken und Gefühle zur Seite, suchte nach anderen Erklärungen und fand Ausreden. Ob ich darüber glücklich war? Nein, natürlich nicht. Aber viel zu stolz, konnte ich mir das damals nicht eingestehen. So rannte ich fort, immer weiter und weiter.

Es ist eine entbehrungsreiche Zeit gewesen damals. Einsamkeit, Selbstvorwürfe und Blindheit waren meine besten Freunde. Jetzt kann ich darüber lächeln und dankbar sein für all die Dinge, welche ich daraus gelernt habe. Damals konnte ich dies noch nicht ...

Weit bin ich gewandert und selbst wenn ich mich vom Wasser ferngehalten habe, habe ich viel gesehen und erlebt. Dennoch wurden meine Schmerzen nicht geringer, sie wuchsen sogar mit jedem neuen Augenblick und so entfernte ich mich weiter denn je zuvor vom Wasser. Tief in eine rote Wüste wanderte ich; über Sand und Steine, wo sich eine Düne an die andere Düne reihte und kein Ende in Sicht war. Es war hier gewesen, inmitten von scheinbarem Nichts, als ich den Wüstengeist traf. Er war ein alter Geist, schon lange hier und wird noch länger hier sein, denn eine Wüste wächst und bewegt sich unablässig.

‚Wasserschwester', begrüßte er mich mit einer trockenen Stimme.

Seine Anwesenheit überraschte mich zwar nicht, dennoch war es eher verwunderlich, dass der Wüstenwächter mit mir sprach. Bisher war ich schon in vielen Wüsten gewesen, und niemals hatte sich ein Wächter mir gezeigt. Die Wüstengeister bleiben gerne unter sich, warum, das wissen nicht einmal wir.

So also grüßte ich den Wüstenwächter höflich zurück.

‚Bist du hier, um dein Herz zu öffnen, Wasserschwester?', fragte er mich.

Während meiner Wanderungen hatte ich schon viele Dinge und Angewohnheiten von anderen Wesen in Erfahrung gebracht, doch hier stand ich vor einem Rätsel.

‚Guter Wächter', antwortete ich ihm da, ‚ich bin mir nicht sicher, ob du weißt, warum, ich hier bin.'

Der Wüstengeist rümpfte nur seine Nase und dabei rieselte etwas Sand heraus. ‚Sonst wärst du gar nicht erst hier.'

Ich konnte nur den Kopf schütteln. ‚Entschuldige, ich verstehe nicht.'

‚Komm!' Der Wächter winkte mich hinter sich her. ‚So will ich es dir erklären. Du bist eine Nymphe, und zwar eine sehr starke, das sehe ich an deinem Kampf. Von Zeit zu Zeit wird ein Wasserwesen geboren, welches stärker ist als viele seiner Art. Ich spreche von der Kraft in deinem Herzen. Diese Wasserschwestern, wie wir euch nennen, haben eine spezielle Verbindung zu ihrem Element. Euer Band mit dem Wasser geht tiefer, denn ihr seid das Abbild von den Launen des Wassers. Einige von euch sind immer in Fahrt, können nie still stehen und toben manchmal wie ein Orkan. Andere sind mehr wie du; ruhig und in sich gekehrt suchen sie die Einsamkeit in der Fülle. Du bist ein zartes Wesen, voller Mitgefühl und Liebe zum Leben, du bist gerne dort, wo alles anfängt, aber auch dort, wo es endet. Du bist eine tragende Nymphe.'

,Lieber Freund', meinte ich da nun noch verwirrter, ,von einer tragenden Nymphe habe ich noch nie gehört.'

Der Wüstengeist lachte leise. ,Natürlich nicht, Wasserschwester. Es gibt von euch so wenige, dass ihr euch fast nie begegnet. Aber auch eure Alten wissen nicht viel über die tragenden Nymphen und selbst wenn, können sie es nie ganz verstehen, da sie nicht ihr sind.'

Ich dachte kurz nach. Während wir weitergingen, gelangten wir zu einer schönen Oase.

,Was tut dann eine tragende Nymphe?', fragte ich den Wächter, denn ich fühlte, dass er einiges darüber zu wissen schien.

,Das da', sagte der Wächter freundlich und zeigte auf die Oase. ,Eine tragende Nymphe trägt das Wasser so stark in sich, dass sie es überall aus dem Boden locken kann. Ihre Stimme weist den Wasseradern den Weg. Das Herz einer tragenden Nymphe besteht nur aus Wasser und nicht aus Wasser und Äther. Dadurch besitzt sie die Kraft, Wasser, an welchem Ort auch immer, hervorzubringen. Den Schmerz, den du immer in deiner Brust fühlst, liebe Wasserschwester, ist nichts anderes als deine eigene Stärke. Deine Verbundenheit zum Wasser ist so stark, dass es schmerzt. Folglich fürchtest du dich nicht direkt vor dem Wasser, sondern nur indirekt.‘

Ich war stehen geblieben, den Blick eingetaucht im Grün der Oase. Meine Gefühle wanderten an Orte, welche mir bisher verschlossen gewesen waren. Auf einmal verstand ich, sah die Zusammenhänge, erkannte meine Angst als das, was sie wirklich war.

‚Es ist die Furcht vor mir selbst, vor der Kraft, welche in mir wohnt, und dem Wissen, wer ich eigentlich bin! Ich bin der Spiegel und das Spiegelbild zugleich – für mich und andere.‘

Der Wüstengeist nickte zufrieden. ‚Ich lasse dich nun alleine, Wasserschwester. Dein Herz ist jetzt offen, dein Wirken kann beginnen.‘

Sein Fortgehen nahm ich nicht mehr bewusst wahr. Wie eine Träumerin wanderte ich weiter durch die Wüste, zufrieden mit mir selbst. Dabei erkannte ich, dass ich stets versucht habe, vor dem Wasser davonzulaufen. Ich musste lachen. Dies war ein Ding der Unmöglichkeit gewesen. Überall, wohin ich gegangen war und auch heute immer noch gehe, war und ist Wasser. Ich bin ein Wassergeist, eine tragende Nymphe, und ich trage das Wasser zu beiden Hälften im Herzen.

Als ich die Wüste wieder verließ, erstrahlte in ihrer Mitte eine neue, grüne Oase – geboren aus meiner Liebe und Kraft zum Wasser. Tief aus der Erde hatte ich es emporgelockt, meine Stimme in neue Sphären steigen lassen, mich ganz in meinem Tun verloren. Zyklen waren vergangen, ehe die Oase erblühte und ehe ich die Wüste wieder verließ. Sie leuchtet auch heute noch, mitten im Nichts, und ich komme immer wieder gerne dorthin zurück, unterhalte mich mit dem Wächter und ermuntere das Wasser zu bleiben.

Seit jenem Augenblick bin ich eine andere Lejaranqualeia. Ich bin nun eine tragende Nymphe und wandere durch die Welt. Das Wasser ist überall, auch ihr lieben Menschen tragt es stets in euch. Vergesst dies nie! Die Verschmutzung des Wassers, das Ausweichen auf all eure Süßgetränke – sie zeugen von einem inneren Kampf mit euch selbst. Auch ihr müsst erst lernen, auf euch selbst zu hören und eure inneren Stärken und Schwächen anzunehmen. Dann wird das Wasser in euch Heilung bringen und euch euren Platz, eure Bestimmung, in dieser schönen Welt zeigen ..."

Die weinende Wasserelfe

An Wasser und Gefühlen komme ich beim Schreiben über dieses Element nicht vorbei. Ich muss wirklich eingestehen, dass dies eine emotionale Achterbahn für mich gewesen ist. Ich hatte mich in die schönen Schweizer Berge in eine gemütliche Wohnung mit herrlichem Ausblick zurückgezogen. Hier wollte ich mich in Ruhe den Wasserwesen widmen, und sie müssen dieses Vorhaben sehr ernst genommen haben, denn es regnete. Nebelschwaden mit tanzenden Geistern zogen am Fenster vorüber. Ihre Chöre ließen mein Herz schneller schlagen, und die grünen Wiesen wurden von feinem Nieselregen bedeckt. Die Luft war leicht und feucht und belebte meinen Geist.

Dann kamen die Geschichten. Sie fingen mit Tränen an, was sich natürlich auch auf mich übertrug. Doch auch sonst unterschied diese Erzählung sich von den vorherigen. Gleich drei Wassergeister saßen auf meinem Tisch und ließen mich an ihren Bildern und Gefühlen teilhaben. Es waren alte Wesen, das konnte ich fühlen. In blauweiße, fließende Gewänder waren sie gekleidet, und ihre Gesichter schienen leicht verschwommen. Augen in den Farben von Bergseen und Meeren sahen mich prüfend an. Die Geschichte, die sie mir erzählen wollten, sei nicht ganz so alt wie sie selbst, meinten sie mit einem Augenzwinkern.

„Es wird gesagt, dass es einmal eine zutiefst traurige Wasserelfe gegeben hatte. Woher ihre Trauer rührte, wusste sie selbst nicht, aber die Tränen flossen ihr unablässig über das schöne Gesicht. Sie war von zartem Wuchs und nur etwa halb so groß wie ein

Mensch, dafür mit großer Schönheit gesegnet. Ihre Augen waren wie klares, fließendes Wasser, beinahe durchsichtig, und ihre Haare weiß wie die Gischt. Wirklich lieblich anzusehen war sie, und alle Geister wollten sie kennenlernen. Da war es umso verwunderlicher, dass sie von solch tiefer Betrübnis erfüllt war.

Als Wasserelfe war sie unter anderem für das Fließen des Wassers zuständig. Sie hielt es in Bewegung, so dass es sich nicht zu lange an einem Ort sammeln konnte, um dann dort zu vermodern. Oftmals aber saß sie nur da und weinte. Dicke, schwere Tränen kullerten über ihre bleichen Wangen und fielen in den Fluss, um den sie sich kümmerte. Manchmal genügte schon der Anblick einer Welle, um sie zum Weinen zu bringen, oder gar das fröhliche Lachen anderer Naturwesen ließ ihre Tränen fließen.

Von nah und fern kamen die Wesen, um ihr zu helfen, doch niemand konnte sich die Trauer der schönen Wasserelfe erklären. So also fristete die hübsche Wasserelfe ihr trübes Dasein. Sie kam ihrer Aufgabe gewissenhaft nach, war aber immer nur halbherzig dabei.

Es war an einem regnerischen Tag, als sich ihr Leben änderte. Dichter Nebel lag über Tal und Fluss, dämpfte die Waldgeräusche. Die Wasserelfe saß am Ufer eines Gewässers und weinte. Es war wieder einmal einer jener furchtbar traurigen Tage. Plötzlich hörte sie ein seltsames Geräusch. Schritte stolperten durch das Unterholz, lauter und schwerer als bei jedem Tier, das sie kannte. Was konnte das sein?

Rasch versteckte sich die Wasserelfe hinter einem Stein und spähte gespannt hervor. Ein wahrlich seltsames Geschöpf kam da an den Fluss gestampft. Es ging auf zwei Beinen und anstelle eines Felles trug es Kleider, ähnlich den ihrigen. Es hatte abgesehen vom Kopf ein beinahe haarloses Gesicht. Überhaupt sah es in den Augen der Wasserelfe nicht sonderlich überlebensfähig aus. Das Geschöpf sank erschöpft auf die Knie und trank einige Schlucke Wasser. Dann lehnte es sich an die Böschung und starrte in den weißen Nebel. Es sah hilflos und verletzlich aus, doch die Elfe ließ sich nicht täuschen. Die Kleider und der Schmuck dieses seltsamen Besuchers zeugten von einigem Geschick.

Wie alle Wasserwesen konnte auch unsere Elfe die Emotionen der Lebewesen fühlen. Dieses Geschöpf hier musste sehr traurig sein, es bebte sogar am ganzen Leib. Aber wieso verzog es sein Gesicht so seltsam und atmete so laut?

Vorsichtig, um das fremde Geschöpf nicht zu erschrecken, trat die Wasserelfe aus ihrem Versteck hervor und blieb in einiger Entfernung stehen.

‚Hallo‘, sagte die Wasserelfe mit ihrer feinen Stimme.

Das Geschöpf zuckte überrascht zusammen. Verwundert starrte es die Elfe an. Wohl hatte es schon von solchen Wesen gehört, noch nie aber war ihm selbst eines begegnet. Wie geblendet von der Eleganz und Reinheit dieses kleinen Wesens schwieg das fremde Geschöpf.

Verwirrt zog die Wasserelfe ihre kleine Stirn kraus. ‚Was für ein Wesen bist du?‘, fragte sie neugierig.

Über diese Frage war das Geschöpf nur noch verwirrter. So nahm es seinen Mut zusammen, denn von dem schönen Wesen schien keine Gefahr auszugehen. ‚Ich bin ein Mensch, guter Geist', sagte es mit unsicherer Stimme. ‚Eine Frau, und mein Name ist Ingrida. Und wer bist du?'

‚Ich bin die Wasserelfe Mihjan', meinte sie und neigte höflich den Kopf. ‚Sag mir, Ingrida, was ist ein Mensch?'

Nun war die Menschenfrau Ingrida noch verblüffter, denn ihre Leute sahen die Geister und anderen Wesen immer als allwissend an. ‚Ein Mensch … ist ein Kind der gütigen Mutter unter uns und des großen Vaters über uns ...', erklärte Ingrida etwas hilflos. Es war ihr schleierhaft, wie sie sich und ihre Artgenossen beschreiben konnte.

Die Wasserelfe nickte nachdenklich. Für sie waren diese Worte mehr als nur ausreichend, denn sie sah tiefer, hinter die Hülle. Mihjan erkannte, dass diese Menschen ebenfalls hier waren, um Mutter Erde zu helfen. Sie waren eine noch sehr junge Rasse, kleine Welpen, und gerade erst dabei, ihren Platz auf der Welt zu finden. Eines Tages würden sie hoch spirituelle Wesen werden. Und dabei würde gerade der Umstand, dass sie feste Körper hatten, ihnen helfen. So würden sie in der Lage sein, die Erde zu erfahren, wie es den Naturwesen niemals möglich sein würde. Das dürfte eine interessante Entwicklung sein, dachte sich die Wasserelfe.

‚Ingrida', fragte sie da die Menschenfrau, ‚sag mir, wieso bist du so traurig?'

‚Ahh', seufzte diese schwer, ‚meine Großmutter ist gestorben.'

Mihjan legte den Kopf schief. ‚Was meinst du mit sterben?'

‚Nun ...‘, Ingrida hob hilflos die Hände, ‚wenn sie stirbt. Wir werden alt, unsere Körper gebrechlich und dann sterben wir.‘

‚Ich verstehe, ihr geht schlafen.‘

Ingrida sah die Elfe verständnislos an. ‚Nein, schlafen gehen wir nachts, aber sterben ist endgültig.‘

Da schüttelte Mihjan liebevoll den Kopf. ‚Eure Körper mögen vergänglich sein, aber eure Seelen nicht. Diese steigen zurück in den Äther, woher wir alle stammen.‘

‚Du meinst‘, sagte Ingrida unsicher, ‚meine Großmutter *lebt* noch?‘

Mihjan nickte. ‚Ja, ihr Körper mag gestorben sein, aber es ist die Seele, welche jedes Wesen zu dem macht, was es ist.‘

‚Dann kann sie mich hören, wenn ich zu ihr spreche? Und kann ich sie auch verstehen?‘, fragte die Menschenfrau mit vor Aufregung geröteten Wangen.

‚Natürlich, wenn sie dies möchte‘, antwortete Mihjan geduldig. Seltsam, dachte sie zu sich selbst, wie kann eine Rasse so geschickt in der Herstellung von Geschmeiden sein, aber solche Dinge nicht wissen?!

‚Aber dann ...‘, Ingrida schüttelte ungläubig den Kopf, ‚dann leben wir ja ewig?‘

Mihjan lächelte. ‚Auf eine andere Art und Weise als mit euren Körpern – ja. Es ist alles ein endloser Kreislauf aus Leben und Tod. Wir sehen es als eine Spirale. Ein Leben hier auf Erden ergibt eine Drehung, und wenn wir diese Ebene wieder verlassen, schließt sich diese Drehung und geht in eine nächste über. Am Ende ist es wie eine Spirale.‘

Die Menschenfrau nickte und dachte angestrengt nach. ‚So vieles, was wir nicht verstehen', meinte sie betrübt.

Da musste die Elfe leise lachen. ‚Meine liebe Ingrida von den Menschen. Alles braucht seine Zeit. Kein Meer entsteht von heute auf morgen. Und stell dir einmal vor – was würdest du tun, wenn du bereits alles wüsstest? Wofür würde sich das Leben dann noch lohnen?'

Ingrida schniefte. ‚Ich kann sehen, dass du recht hast. Aber ich vermisse meine Großmutter so sehr ...'

Mitfühlend ließ sich Mihjan neben der Menschenfrau nieder, legte ihre feine Hand auf deren Schulter. Mit solch einem Verlust sollte niemand alleine sein. So saßen sie also eine Weile schweigend da. Das Wasser plätscherte munter zu ihren Füßen und der Nebel dämpfte die alltäglichen Waldgeräusche. Hin und wieder riss ein Loch in der weißen Wand auf und gewährte einen kurzen Blick auf einige Bäume. Wassertropfen rannen ihre Stämme hinab, tropften von ihren Blättern. Mihjan liebte diese Klänge, denn in solchen Momenten war sie nicht die Einzige, die weinte.

Da sah die Wasserelfe Ingrida an. ‚Weinen hilft, weißt du', sagte sie zur Menschenfrau.

Ingrida sah sie verständnislos an. ‚Was ist weinen?'

Nun war es an Mihjan, verwundert zu sein. War es denn möglich, dass die Menschen nicht weinen konnten? Es sah ganz danach aus, denn sonst hätte Ingrida sicherlich schon längst ihre Tränen vergossen. ‚Weinen ist, wenn du so traurig bist, dass dir das Wasser aus den Augen fließt. Dies nimmt dir ein wenig von deiner Last, und du kannst sie so besser loslassen. Weinen ist befreiend, es kann aber auch störend sein, wenn du nicht mehr aufhören kannst ... Heißt das, du kannst nicht weinen?‘

Ingrida schüttelte den Kopf. ‚Ich habe noch nie davon gehört, dass man Wasser aus den Augen ausschütten kann.‘

Die Wasserelfe sah betrübt auf den Fluss und ihre durchscheinenden Augen folgten den Stromschnellen. Es dünkte sie seltsam, dass diese Menschen nicht weinen konnten. So musste das Wasser in ihren Körpern doch vermodern. Und da plötzlich begann Mihjan zu verstehen. Jedes Wesen wurde aus einem bestimmten Grund geboren. All die Zyklen hatte die Wasserelfe sich gefragt, weshalb sie ständig weinen musste. Woher sie diese endlos vielen Tränen nur hernahm, und wieso ihre Tränenquelle nie zu versiegen schien. Die Antwort lag nun endlich auf der Hand. Es waren gar nicht ihre Tränen, sie gehörten den Menschen. Die gütige Mutter hatte ihr, Mihjan, diesen Tränenfluss geschenkt, dass sie ihn den Menschen weitergeben durfte. Ein solches Glücksgefühl stieg in der Brust der schönen Wasserelfe hoch, dass sie vor Freude weinen musste. Und zum ersten Mal störte sich Mihjan nicht an ihren Tränen. Sie lachte und drückte die Hand der Menschenfrau.

‚Gute Mihjan‘, rief Ingrida besorgt aus, ‚was ist nur mit dir?‘

Aufgeregt sprang Mihjan vor ihr herum, drehte sich im Kreis und lachte. Dann stand sie jäh still. Mit ihren klaren Augen sah sie Ingrida an. ‚Ingrida von den Menschen, ich möchte dir und deinem Volk ein Geschenk machen‘, begann die Wasserelfe bestimmt. ‚Ich möchte euch gerne meine Tränen schenken. Jene der Trauer und jene der Freude, denn ihr werdet beide brauchen, um das Gleichgewicht wahren zu können.‘

Ingrida schüttelte den Kopf. ‚Aber, gute Mihjan, was wird dann aus dir? Es sind doch deine Tränen?‘

Da musste Mihjan lächeln. ‚Ich bin eine Wasserelfe, ich bin Wasser und Tränen. Ich sorge dafür, dass das Wasser ungehindert fließen kann. Das ist meine Bestimmung, meine Aufgabe und das macht mich glücklich. Wenn ihr Menschen traurig seid, solltet auch ihr die Möglichkeit haben, eure Trauer loszulassen. Das Wasser wird eure Sorgen hinausschwemmen und euch helfen, das Schöne wieder zu sehen. Tränen sind machtvoll, Ingrida. Sie entspringen dem Herzen, machen es leicht und frei und sie zeigen, was für eine Seele ihr habt. Tränen sind ein Zeichen von Mitgefühl, Erkenntnis und Liebe. Die Gabe des Weinens wurde mir von Mutter Erde geschenkt, damit ich sie dir und den deinen weitergeben kann. Ihr seid noch ein junges Volk. Jung und wissbegierig und ihr könnt noch nicht alles kennen. Auch wir mussten viel lernen, ehe wir zu uns selbst fanden. Ich frage dich nun, Ingrida von den Menschen, willst du mein Geschenk annehmen?‘

Für eine Weile konnte Ingrida die Wasserelfe nur stumm anstarren. Ihr Geist konnte das Ausmaß dieses Geschenkes noch nicht fassen, denn es war etwas Neues, Unbekanntes. Doch schließlich nickte sie wortlos, einem inneren Gefühl folgend.

Und so nahm Mihjan die Menschenfrau in ihre Arme. Sie summte ein schönes Lied in Ingridas Ohren und während sie dies tat, strömten die Tränen aus Mihjan heraus. Der Druck wich vom zarten Herzen der Wasserelfe, ihre Schultern entspannten sich und Mihjan wusste, nun war alles gut. Da begann Ingrida zu weinen. Sie weinte um ihre Großmutter, die sie so sehr geliebt hatte, und sie hörte erst wieder auf, als ihr Tränenfluss versiegte. Vorsichtig fuhr Ingrida sich mit den Händen übers Gesicht, fühlte das Nass der Tränen auf ihrer Haut. Eine letzte Träne noch fing sie mit ihrer Zunge auf. Sie schmeckte salzig. Und als Ingrida den Blick hob, fühlte sie sich leichter. Die Trauer war noch da, das Gefühl des Verlustes ebenso, aber es war anders. Beides war nicht mehr so schwer und beengend, und eine neue Kraft schien in ihrem Herzen zu wachsen.

‚Ingrida von den Menschen', sagte da Mihjan. ‚Du siehst und spürst nun, was die Tränen für eine Kraft haben. Sie können dir nicht den Schmerz nehmen, aber sie können deinen Geist öffnen und dir so helfen, deinen Schmerz selbst zu erlösen. Geh nun und bringe mein Geschenk an dein Volk. Teile es mit deinen Leuten.'

Die Menschenfrau wusste nicht, wie sie der Wasserelfe danken konnte, doch diese winkte nur ab.

‚Schäme dich nicht für deine Tränen, das ist mir Dank genug. Gefühle sind machtvoll und lässt du sie nicht an deinem Leben teilhaben, so fangen sie an, den Körper von innen zu zerfressen. Merke dir eins, das Wasser ist ein Spiegelbild deiner Selbst, deiner Seele. Hin und wieder muss dieser Spiegel gereinigt werden, so dass du dich wieder klar sehen kannst. Wasser ist Leben und Leben will geteilt sein.'

So nickte Ingrida. ‚Ich werde meine Leute lehren, was du mich gelehrt hast, gute Mihjan. Ich werde ihnen von dir und deinem Volk erzählen.'

Da musste Mihjan zufrieden lächeln. ‚Das ist eine gute Idee. Und wer weiß, vielleicht werden wir ja eines fernen Tages Schwestern und Brüder sein.‘

Freudig klatschte Ingrida in ihre Hände. ‚Das wäre schön!‘

Leichten Schrittes machte sich Ingrida auf den Weg nach Hause. Sie hatte die Geschichte ihres Lebens zu erzählen. Und nicht nur das. Später wurde Ingrida die erste Menschenfrau, welche die Wasserwesen als ihre Schwester bezeichneten. Denn Ingrida berichtete ihren Leuten von der schönen Wasserelfe Mihjan und ihren Tränen. Sie erzählte vom Leben und Sterben und das alles eins war. Und jeder Mensch, den Ingrida dabei berührte, erhielt die Gabe des Weinens. So zogen die Tränen ihre Kreise, denn jeder von Ingrida Berührte gab die Gabe weiter an andere, bis alle Menschen sie besaßen.

Die Wasserelfe Mihjan aber wurde endlich glücklich. Sie hüpfte mit den Wellen den Fluss hinunter, tanzte mit dem Regen durch die Lüfte, lockte das stehende Wasser hervor und brachte es zum Fließen. Ihr Herz war nun offen und sie verrichtete ihre Aufgabe mit großer Freude.

Hin und wieder setzte sie sich mit Ingrida an einen Fluss, erzählte ihr von Mutter Erde, dem Wasser und den anderen Geistern. Denn Mihjan sah in allen Menschenfrauen eine Schwester und in allen Menschenmännern einen Bruder.“

Vom Leben eines Meermannes

Zuerst roch ich salzige Meeresluft, glaubte den frischen Wind auf meiner Haut zu spüren und dann stand er da; ein Meermann, von großer und kräftiger Statur! In seinen grünlichen Haaren hingen allerlei Muscheln, Korallen und Algen. Schwimmhäute wuchsen zwischen Fingern und Zehen und seine Haut schien von hauchdünnen Schuppen überzogen zu sein. Die Augen waren beinahe weiß und seine Iris leuchtete grün, wie Algen im Sonnenlicht. Tiefe Ruhe und Ausgeglichenheit gingen von ihm aus und ließen sämtliche Sorgen klein erscheinen. In seinen Augen konnte man die Endlosigkeit der Meere sehen, hörte das Rauschen der mächtigen Wellen, die Gesänge der Wale, Schwärme von Fischen stoben durch die Gedanken und der Boden schien leicht zu wanken.

Aus den langen Haaren des Meermannes tropfte beständig Wasser und bildete eine Pfütze um ihn. Er war weit gereist, um mit mir zu sprechen, und das bedeutete mir viel. Für einen Moment maß er mich mit seinen durchdringenden Blicken, ehe er kurz nickte und dann zu sprechen begann. Seine Stimme war klar und jugendlich, erinnerte an das eindringliche Rauschen von Wasser:

> „Tief unter dem Meeresspiegel, dort, wo das Tageslicht so gut wie nie hindringt und die Schiffsschrauben nicht mehr zu hören sind, komme ich her. Ich bin ein Wasserwesen, ein Meermann, und bin zuständig für die Bewegungen des Meeres. Wir Meermänner bringen das Wasser zum Fließen, lassen es Wellen schlagen, Strudel drehen, in Stürmen hochpeitschen oder spiegelglatt daliegen. Wir transportieren Energie

und Sauerstoff von der Luft hinab in die dunklen Meeresteile und geben dem Wasser seinen Lebensatem. Algen und Korallen können so gedeihen, stoßen ihre eigenen Stickstoffe aus, die wir wieder zum Austausch an die Oberfläche tragen. Fische folgen unseren Tauchgängen, benutzen unsere Wege und gelangen so in ihre Jagd- und Paarungsgründe. Die Wasserwesen der tieferen Regionen erhalten so ihre ‚frischen' Energien und können sich beruhigt ihren Pflichten widmen.

Das Pflegen der Kraftlinien, welche durch die Meere laufen, obliegt uns ebenfalls. Es ist eine unserer wichtigsten Aufgaben, denn für Sauerstoff und Energie sorgen auch noch andere Wassergeister. Die Kraftlinien aber müssen immer gesund und stark sein. An ihnen orientieren sich die Meerestiere. Delfine, Wale, Haie, Fische – sie alle stoßen ihre Laute aus. Weit werden die Echos durch das Wasser getragen, bis sie auf eine Kraftlinie treffen und an dieser entlanggleiten. Alle unsere wandernden Meeresfreunde haben ihre eigenen Linien. Sie sind in zahllose Farben unterteilt. So folgen die Delfine den helleren Farben wie Weiß, Gelb, Orange und Hellblau. Die Wale konzentrieren sich auf die etwas dunkleren wie Magenta, Violett, aber manchmal auch Weiß. Für die Haie sind mehr Farben in Blau, Grau oder Schwarz interessant, und die übrigen Fische folgen im Allgemeinen den grünen Linien.

Ihr seht, die Meere sind also durchzogen von einer Vielzahl von Kraftlinien, unsichtbar für das physische Auge, aber durch Vibrationen erkennbar. Ich kann euch gar nicht sagen, wie ungeheuer wichtig die Pflege dieser Linien ist. Ohne sie würden die Meeresbewohner ihre Orientierung verlieren.

In letzter Zeit gab es leider viel zu viele Meerestiere, die gestrandet sind. Sie können die Kraftlinien nicht mehr finden, denn der Abfall, den ihr in die Meere werft, trägt das Seine dazu bei. Giftstoffe steigen daraus auf, wandern Richtung Oberfläche und verkleben die Kraftlinien. Schadstoffe aus Elektrogeräten stören die Magnetfrequenzen. Wenn ein Wal nun nach einer Linie sucht, erhält er manchmal kein Echo oder nur ein verzerrtes zurück. Verwirrt folgt er dann irgendeiner Vibration und landet oft an für ihn tödlichen Stellen. Jetzt mögt ihr fragen, wieso wir die Meeresbewohner nicht warnen und ihnen sagen, wann sie einer ‚falschen' Linie folgen. Es ist ganz einfach – nicht immer erkennen wir rechtzeitig, ob es eine gute oder schlechte Kraftlinie ist, auch wegen der starken Verunreinigung. Außerdem haben wir Meermänner den Walen, Delfinen und Fischen einst beigebracht, ihren eigenen Echos zu vertrauen. Wir lehrten sie, dass ihre Echos sie schützen, und nun wendet sich dieses Vertrauen darauf gegen die armen Tiere ...

Ich spreche nicht gerne darüber und es ist auch kein schönes Thema. Ihr müsst eines bedenken: Die Wale sind wie die Bienen bei euch auf dem Festland – wenn es sie nicht mehr gibt, werden auch die Meere nicht mehr dieselben sein. Das würde katastrophale Auswirkungen auf euch Menschen haben, nicht auf die Erde selbst. Die Walgesänge sind unglaublich wichtig für das sensible Gleichgewicht zwischen Wasser und Erde. Sie halten das Meer in seinen Begrenzungen und lassen es nicht über die Ufer treten. Die Wale sichern somit das Überleben der Landbewohner. Aber auch sonst dienen ihre Gesänge einer Vielzahl von Dingen. So geben sie allen Wassergeistern Musik und ziehen eine Grenze zwischen den oberen und unteren Meeresbereichen. Wenn die Tiefseebewohner ihre Lieder hören, wissen sie, dass sie nun wieder nach unten steigen müssen. Umgekehrt wissen die Bewohner der oberen Regionen, dass sie wieder hochsteigen müssen, sobald sie die Gesänge nicht mehr hören können. Einen weiteren Punkt möchte ich noch ansprechen, den ich als bedeutend erachte. Die Walgesänge dienen der spirituellen Entwicklung der Erde und all ihren Bewohnern. Ohne sie … ich weiß nicht, was geschehen würde ...“

Das Gesicht des Meermannes wurde traurig. Schmerz brannte in seinen Augen und die Schultern waren in sich zusammengesunken. Das Leid der Meeresbewohner traf ihn tief und auch mir schnürte es bei diesem Anblick die Kehle zu.

Ruckartig richtete sich der Meermann wieder auf und ein Funkeln trat in seine Augen. Er lächelte und hatte die trüben Gedanken zur Seite geschoben. Seine Stimme klang wieder heiter.

„Genug davon. Es gibt sicherlich noch andere Dinge, welche euch interessieren dürften.

Zum Beispiel, dass Meermänner und Meerjungfrauen meist an unterschiedlichen Orten leben. Es gibt aber auch einige große Korallenpaläste, wo beide gemeinsam wohnen. Die Meerjungfrauen sind die Traumweberinnen der Meere. Oft sitzen sie auf Felsen, kämmen ihre Haare und hängen ihren Gedanken nach. Dank ihren Träumen besitzen die Meere ihre Tiefe und Endlosigkeit. Es ist ein wenig, als würden sie über die Träume aller Meereswesen wachen. Sie weben einen Zauber über das Wasser und ermöglichen es so den Undinen, den Wassertropfengeistern, sich miteinander zu verbinden. Dank diesem Zauber erst können die Meere zu ihrer Größe anwachsen und auch so bleiben. Alle Meeresbewohner schätzen ihre Aufgabe sehr, dies ist aber auch einer der Gründe, weshalb Meermänner und Meerjungfrauen es nie lange miteinander aushalten. Wir Meermänner ziehen durch die Meere und können nicht endlos lange herumsitzen und träumen. Es liegt nicht in unserer Natur.

Das Bild eines Meermannes ist, nun ja, so wie ich bin. Die Älteren unter uns tragen meist lange Bärte und viele haben sich in die Paläste zu den Meerjungfrauen zurückgezogen. Es scheint, dass wir im Alter besser mit deren Träumereien umgehen können. Immer wieder feiern wir große Feste, die manchmal lange währen. Hin und wieder müssen uns dann die anderen Wassergeister an unsere Aufgaben erinnern, damit wir uns nicht in Spiel und Tanz verlieren. Es sind dies jene Feste, bei denen wir und die Meerjungfrauen uns freudig verstehen. Vielleicht feiern wir ja deshalb so gerne."

Der Meermann zwinkerte mir schelmisch zu. Dann verlor sich sein Blick in der Ferne, und er fuhr leise fort.

„Ihr fragt euch nun sicher, wie tief unten eigentlich unser Zuhause ist. Ich kann euch sagen, dass wir uns weiter hinab zurückziehen mussten als einst. Zu viel Lärm und Gewalt an der Meeresoberfläche. Wir brauchen einen Ort, an dem wir uns erholen können. Hier unten sehen wir das Tageslicht fast gar nicht mehr und das macht uns manchmal etwas melancholisch. Aber es ist auch schön hier unten. Ruhig und geborgen. Hinter unseren Grenzen beginnen die Reiche der Tiefseewesen. Diese leben ganz weit unten, auf dem Meeresgrund, wo ständige Dunkelheit herrscht. Einmal bin ich dort hinabgetaucht. Es ist eine faszinierende Welt, aber auch ein Ort großer Verantwortung. Denn die Tiefseewesen halten die Erde im Gleichgewicht, helfen bei der Kommunikation der beiden Pole und der Rotation der Erde. Nur ganz wenige von ihnen sehen in ihrem Leben jemals einen Menschen. Vielleicht schreibst du nächstes Mal etwas über sie? Man kann sie nicht mit uns anderen Wasserwesen vergleichen, denn dort unten ist nichts so wie hier. Die Abfälle sinken früher oder später alle zu ihnen hinab, so wie die Dinge von der Oberfläche in die Luft steigen. Was dies für uns alle bedeutet, muss ich euch nicht erklären ...

Übrigens, einen Meermann siehst du selten alleine. Wir lieben die Gesellschaft untereinander, auch mit anderen Wassergeistern und vor allem mit Walen und Delfinen sind wir gerne unterwegs. Vor den Haien allerdings haben wir größten Respekt. Es sind zutiefst missverstandene Geschöpfe. Älter als die Wale, wohnt ihnen eine besondere Weisheit inne. Sie erinnern an die Gefahren, welche das Wasser bereithalten kann. Nicht im negativen Sinne, wie fälschlicherweise dargestellt wird. Die Haie zähmen das Wasser auf eine spezielle Weise, indem sie dessen Wildheit und Schnelligkeit auf ihre Körper übertragen. Würden die Haie nicht einen Teil der Wasserkraft aufnehmen, gäbe es mehr Stürme und Überschwemmungen. Ich habe auch schon an der Seite eines weißen Hais das Meer durchschwommen und dabei viel gelernt – über mich, über die Haie, über das Wasser und über die Vergänglichkeit allen Seins.

Nun denn, ich habe genug erzählt. Ein Meermann so weit weg vom Meer ... das geht nicht lange gut. Außerdem fällt mir gerade ein, dass ich schon lange nicht mehr getanzt habe. Ein Fest wäre doch eine nette Idee. Danke für deine Zeit."

Und so schnell, wie der Meermann aufgetaucht war, war er auch wieder verschwunden. Draußen regnete es und meine Gedanken hingen irgendwo zwischen endlosen Meeren und leise trommelnden Regentropfen. Die Anwesenheit des Meermannes hatte meine Welt größer und tiefer gemacht. Emotionen in alle Richtungen.

Ein Regentropfen auf Reisen

Dichter Nebel hing zwischen den Bäumen, kroch über den nassen Boden, verschluckte meine Schritte. In der Ferne hörte ich einen Raben krächzen, Wassertropfen fielen mit leisem *Plitsch-Platsch* von den Bäumen, rannen an deren Stämmen hinab und trommelten auf die Erde nieder. Es hatte aufgehört zu regnen, ich legte den Kopf in den Nacken und sah in die Baumkronen. Die Äste der Tannen berührten einander, spannten ein Dach über den moosigen Waldboden. Tief sog ich die frische Luft ein und auf einmal platschte ein großer Tropfen mitten auf meine Stirn. Fröhliches Gelächter aus den Baumwipfeln war die Antwort und vor meinem Gesicht schwebte eine süße, kleine Undine. Sie kicherte und fragte, ob ich wohl ihre Geschichte niederschreiben könnte. Natürlich, meinte ich neugierig.

Undinen sind weibliche Wassergeister und überall dort anzutreffen, wo es Wasser gibt. Dank ihnen können die Wassersäfte steigen und sinken, weshalb viele von ihnen auch als Regentropfen unterwegs sind. Unsere Freundin hier war eine winzig kleine, zarte Undine, mit feinen Flügeln und einem Kleidchen ähnlich einem Nebelfetzen. Ihr Hinterkopf war wie ein Wassertropfen geformt und ging hinten in eine Spitze über. Ihr Name sei Helia und sie wolle etwas über eine andere kleine Undine erzählen.

Helia war eine lustige Erzählerin. Ihre Worte flogen nur so dahin und auch sie selbst hüpfte mal hierhin, mal dorthin. Die Stimme der Undine war zart und hoch, und während unseres Gesprächs brach sie immer wieder in erheitertes Kichern aus.

Helia:

„Es war einmal vor langer Zeit – so würdet ihr Menschen beginnen –, da lebte eine kleine Undine. Am liebsten war Bahaja als Regentropfen unterwegs, denn so war es ihr möglich, die ganze Welt zu bereisen. Sie liebte die Abwechslung, das Fließen, das Steigen und Fallen, wie alle Undinen. Auch wenn Bahaja noch jung war, so hatte sich ihr größter Wunsch noch nie erfüllt: einmal über dem Meer fallen zu können. Bahaja wollte in einem wilden Sturm zusammen mit anderen Undinen im endlosen Meer landen. Aber jedes Mal, wenn sie so kurz davor schien, kamen die Windgeister vorbei und bliesen sie weiter. Am Ende trommelte Bahaja wieder auf dem Festland, einem Fluss oder einem See nieder.

Anfangs war Bahaja darüber sehr traurig. Doch dann wurde sie ärgerlich und begann sich zu fragen, weshalb alle anderen über dem Meer springen durften.

Also machte sie sich auf den Weg zu den Wolken, um diese zu bitten, sie doch bis zum Meer mitzunehmen. Die Wolkengeister hörten sich Bahajas Bitte an und gaben ihr folgende Antwort: ‚Süße Bahaja, wir können dich gerne mitnehmen, wenn wir wieder Richtung Meer ziehen. Aber bedenke, dass es die Windgeister sind, die uns lenken und zusammenführen.‘

Bahaja bedankte sich bei den freundlichen Wolkengeistern und beschloss nun die Windgeister aufzusuchen. Sie stieg wieder von den Wolken hinunter und irgendwo dazwischen fand sie einige Windgeister. Diese bat sie um einen Sturm über dem Meer, so dass sie dort abspringen könnte. Die Windgeister aber teilten ihr mit, dass dafür die Sturmgeister zuständig seien. Abermals bedankte sich Bahaja höflich und zog weiter. Sie war noch nicht lange unterwegs, als sie eine Gruppe Sturmgeister bemerkte. Sie tanzten lachend in der Luft, trieben Spielchen miteinander, während sich unter ihnen die Wolken versammelten. Da entdeckte einer der Sturmgeister sie und hob die kleine Undine in seine Hände, um sie auf die Erde fallen zu lassen. Doch Bahaja schüttelte den Kopf und bat ihn darum, über dem Meer springen zu können.

‚Oh', der Sturmgeist sah sie mit großen Augen an. ‚Das Meer liegt von hier aus viel zu weit weg und vielleicht gibt es einen Grund, dass du es noch nie gesehen hast.'

Da wurde Bahaja furchtbar traurig und dicke Tränen kullerten über ihre kleinen Wangen.

‚Aber, aber', meinte der Sturmgeist beschwichtigend. ‚Nun lässt du es gleich doppelt regnen. Sieh, du kannst auf dieser hohen Wolke mitreiten. Sie zieht Richtung Meer. Allerdings ist der Absprung von dort oben nicht ganz ungefährlich.'

Doch dies war Bahaja gleichgültig. Sie drückte dem Sturmgeist ein Küsschen auf die Wange und eilte zur Wolke davon.

Erschöpft kam die kleine Undine auf deren wattiertem Leib an und versank in einen tiefen Schlummer. Sie träumte davon, dass sie endlich das Meer gesehen hatte und sie in dessen Tiefen eingetaucht war ...

Ein Rütteln ging durch die hohe Wolke und weckte Bahaja unsanft auf. Die kleine Undine rieb sich die Augen und spähte hinab. Gerade in diesem Moment glitt die hohe Wolke vom Meer zurück übers Festland. Sie hatte den ganzen Überflug verschlafen! Ohne weiter nachzudenken sprang Bahaja von der hohen Wolke, um wenigstens an der Küste landen zu können. Die Warnung des Sturmgeistes hatte sie dabei gänzlich vergessen und so geriet sie von einem Taumeln ins nächste. Hilflos wurde sie durch die Lüfte gewirbelt und so immer weiter weg vom Meer getragen. Bahaja schlug sich die Hände vor die Augen.

Zarte Arme, weich und weiß wie Schnee, fingen Bahaja auf. Eine Deva hatte die verängstigte Undine gesehen und war ihr zu Hilfe geeilt. Sie hatte ein freundliches Gesicht. Die Devas sind für das Licht, die Schönheit, Reinheit und Harmonie zuständig und stets hilfsbereit.

Langsam glitt die Deva mit Bahaja in den Armen dem Boden entgegen. Mit ihrer hellen Stimme erzählte Bahaja der Deva von ihrem Wunsch und ihrer Trauer über ihr Versagen.

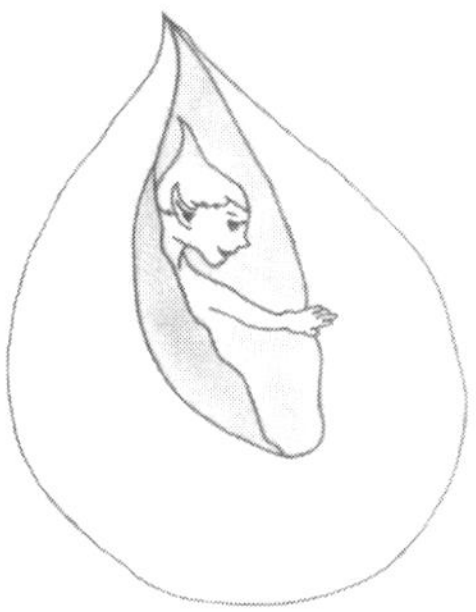

Bahaja

‚Aber, aber‘, meinte die Deva, ‚hast du denn ganz vergessen, dass die Meeresundinen salzig sind?‘

Schlagartig verstummte Bahaja und ihr kroch doch tatsächlich eine feine Röte ins Gesicht. Wie hatte sie das nur vergessen können! Jede Undine konnte ins Meer; dafür musste sie nur ihre Struktur ändern. Erst dann erkannten die Regenwolken in ihr eine Undine auf dem Weg ins Meer. Solange sie aber ihre Struktur nicht geändert hatte, war es kein Wunder, dass alle sie immer zurück aufs Festland getragen haben.

‚Sieh', sagte da die Deva liebevoll, ‚diese Wolke zieht übers Meer. Du kannst dich auf sie setzen und deine Struktur ändern.'

Bahaja dankte der Deva von ganzem Herzen, aber diese winkte nur lächelnd ab und schwang sich wieder hoch in die Lüfte.

Glücklich ließ sich Bahaja in die Wolke sinken und begann ihre Struktur zu verändern. Dafür bedurfte es nicht viel Zeit, denn jede Undine kannte den Vorgang. Nun würden die Sturmgeister sie erkennen und abwerfen. Manchmal lag die Lösung auf eine Frage direkt vor der Nase, man musste nur gut hinsehen.

Es wurde ein wilder Ritt und gemeinsam mit vielen anderen Undinen hielt Bahaja sich tapfer an der Wolke fest. Immer schneller begann die Wolke dahinzutreiben, ballte sich zusammen und traf auf andere Wolken. Dann hörten sie das Donnergrollen, Blitze zuckten vom Himmel, Wind kam auf und das Lachen der Sturmgeister hallte durch die Luft. Frei stoben sie durch den Himmel, zwischen Wolken und Undinen herum, schüttelten und rüttelten an den Regenwolken und eine nach der anderen fielen die Undinen hinab. Endlich! Bahaja sprang mit einem freudigen Aufschrei dem blauen Wasser entgegen. Sie fiel und fiel …

Die Regentropfen hielten sich an den Händen und begannen zu singen und zu tanzen. Fröhliches Gelächter war aus allen Richtungen zu hören, Lieder wurden gesungen und dann, mit einem lauten *Wusch* wurde Bahaja von einer Welle verschluckt. Die Meereswesen fingen sie auf, trugen sie hinab in die Tiefe und dann wieder hoch, hinunter, hoch, hinunter … und Bahaja lachte und war glücklich."

FEUER

Von wilden Feuergeistern und mächtigen Drachen

Feuer, ein machtvolles Element. Wild und unbeherrscht, aufbrausend und zerstörend, wärmend und beruhigend, faszinierend und abschreckend zugleich. Wie bei keinem anderen Element können hier die Gegensätzlichkeiten beobachtet werden. Aus einem kleinen, lustigen Feuerchen wird eine imposante, alles verzehrende Feuerwand. Und doch, wo wäre der Mensch ohne Feuer?

Die Feuerwesen haben ihre eigene, freie Natur, ganz ihrem Element entsprechend. Sie können launisch und auf ihre Art auch fast ein wenig böswillig sein. Zur gleichen Zeit aber findet man bei diesen Wesen eine Liebe zum Leben, die einen verstummen lässt. Dieses Element muss verzehren und zerstören, um zu überleben, und auch wenn es dies leidenschaftlich tut, so weiß es doch um die Opfer, die unter seinem Spiel zu fallen haben.

Faszination und Respekt für die roten Flammen hatte ich schon seit Kindertagen. Schon von klein auf lernten wir, wie man ein Feuer entfacht und darauf achtgab, dass es nicht ausbrechen konnte. Respekt vor den Feuerwesen ist die erste Voraussetzung für ein gefahrloses Eintauchen in ihre Welt. Sie können schnell beleidigt sein, und dann will man nicht zu nahe bei ihnen stehen. So ist ihre Natur. Wer in Furcht vor dem Feuer lebt, sollte einen Bogen um die Feuergeister machen, solange diese Furcht nicht besiegt werden kann. Angst ist etwas, was diese turbulenten Wesen nicht tolerieren. Es lässt sie in Angriffsstellung gehen und deshalb verdient man in ihren Augen auch ihren Respekt nicht.

Ich habe viel über die Feuerwesen erfahren, indem ich vor dem Kamin oder draußen im Wald an einem Feuer saß und die Flammen beobachtete. Es ist der Reiz der Gefahr, der man sich als Mensch auch aussetzen muss, um diese Wesen verstehen zu können. Und jedes Mal werden die Karten wieder neu gemischt.

Das Feuer im Menschen

Draußen ist blauer Himmel, die Sonne erwärmt die Natur, nachdem tagelanger Regen sie durchweicht hatte. Feuergeister tanzen in den Sonnenstrahlen, fallen zischend auf die Erde hinab und treffen auf feuchten Widerstand. Wie bei den Regentropfen reicht ein einzelner Tropfen nicht, um groß etwas zu bewirken. So auch bei den Sonnenstrahlen. Unzählige Feuerwesen schießen in geordneter Formation auf den Boden, vertreiben die Kälte durch ihre Anzahl.

Ich genoss die Wärme, spürte das Kitzeln der Strahlen auf meiner Haut, hörte das Kichern der Feuerwesen. Und plötzlich fühlte ich die Nähe eines Feuergeistes. Geräusche von brennendem Holz, wie es knackte und zischte, um dann zu zerbersten, hallten in meinen Ohren wider.

Hitze schoss durch meinen Körper, Unruhe machte sich in mir breit. Die Anwesenheit eines Feuerwesens ist etwas, das man sofort erkennt. Sie haben diese Eigenheiten an sich, unmissverständlich und direkt, aber nur schwer in Worte zu fassen.

Da stand es also, ein großes Wesen mit Augen in der Farbe von Glut. Stark und erhellend. Flammen wanden sich um seinen Leib, verzehrten sein Bild und ließen nur das Gesicht wirklich frei. Es war ein wunderschönes Gesicht, ebenmäßig und sinnlich. Er sei hier, um mit mir über das Feuer im Menschen zu sprechen, meinte er. Wenn Feuerwesen zu sprechen beginnen, sollte man sie besser nicht unterbrechen. Wie Flammen schlagen sie mit Worten um sich, reißen einen mit sich in ihren Tanz und man vergisst die Welt. Fragen kann man nur am Schluss stellen, wenn dann noch welche übrig sind ...

Jahcha:

„Mein Name lautet Jahcha. Ich bin ein Feuerhüter und wache über die Eingänge von Vulkanen. Es gehört zu meiner Aufgabe, die Lava freizugeben und ihren Strom zu überwachen. Aber auch darauf zu achten, dass nicht zu viel hinausschießt. Dank meiner Aufgabe ist es mir möglich, *meine* Emotionen besser beherrschen zu können als manch andere Feuerwesen. So verhindern wir, dass ganze Länder in Feuer und Asche gelegt werden. Wir Hüter haben ein großes Herz und in der Vergangenheit konnten uns die Menschen immer wieder besänftigen, so dass wir manchmal auch das Ausbrechen von Vulkanen verhindern konnten. Aber das liegt nun schon lange zurück.

Heute fürchten sich die Menschen vor uns, sie verachten uns, versuchen uns zu kontrollieren und scheitern dabei doch kläglich. Das Feuer ist wütend, es brodelt unter der Oberfläche, und wir sind nicht mehr lange gewillt, es dort unten zu halten.

Wir sind zweischneidige Wesen. Einmal können wir euch freundlich gesinnt sein und dann wieder die kalte Schulter zeigen. Es liegt nicht in unserer Pflicht, euch zu sagen, wann ihr euch besser von uns fernhalten solltet. Das müsst ihr selber lernen – habt es aber vergessen.

Die anderen Elemente haben ihre festen Plätze in eurem physischen Körper. Die Luft in euren Lungen und an all den Stellen, wo sie hintransportiert wird. Die Erde als eure Haut, die Hülle, welche alles zusammenhält. Das Wasser überall in eurem Körper. Das Feuer aber ist nicht fassbar. Es liegt zum Teil in eurer Körperwärme, aber vor allem liegt es im Herzen. Ja, genau dort, wo euer ‚Zentrum' ist. Wir sind die Leidenschaft, der Mut und das Abenteuer. Wir sind Antrieb und Ruhephasen in einem. Wir sind Bewegung, Schweiß, Herzklopfen, der Schmerz in müden Muskeln, das Pochen im Blut, die schlaflosen Nächte und die Leidenschaft der Liebe.

Feuerwesen

Feuer besitzt eine große Schöpferkraft, denn nach uns kommt das Grün noch grüner, die Wurzeln noch kräftiger und die Luft klarer hervor. Es stimmt schon, wir gehen den anderen Naturwesen eher aus dem Weg und auch die Gesellschaft von Menschen mögen wir nicht allzu gerne. Dennoch, ohne uns wärt ihr nicht vollständig. Wir sind die Stimmen in euren Köpfen, welche euch dazu anspornen, Neues zu entdecken, über euch selbst hinauszuwachsen, die Fesseln zu sprengen – immer und immer wieder.

Wer sich uns stellt, seine Angst bekämpft, der wird fortan furchtlos über die Welt wandern können. Denn Angst vor dem Feuer bedeutet Angst vor dem eigenen Zerfall, der Vergänglichkeit des Lebens. Der Körper ist ein Gefäß, ein Werkzeug auf Zeit, wie das Feuer. Ist diese Zeit abgelaufen, so zerfällt das Gefäß und es stirbt. Alles Leben ist diesem Gesetz unterworfen, den Regeln der Vergänglichkeit, dem endlosen Zyklus von Geburt und Tod.

Ich will ehrlich zu euch sein. Wir Feuerwesen sind nicht mehr so gut auf euch zu sprechen wie einst. Ihr missbraucht die anderen Elemente und das macht uns zornig, denn sie sind unsere Brüder und Schwestern, unsere Freunde, unsere Familie. Uns könnt ihr nicht viel anhaben, nur dem Feuer in euch selbst und das kümmert uns wenig. Systematisch habt ihr das eigene Streben ausgemerzt. Träume werden vergraben und umgeschrieben, ohne dass das Herz befragt wird. Wege werden beschritten, weil sie sicher sind, und nicht, weil das Abenteuer ruft. Linien und Grenzen werden gezogen, damit jeder seinen Platz kennt – dabei gehört das Land euch nicht einmal.

Da frage ich mich, seid ihr glücklich damit? Seid ihr zufrieden so, ohne die Bedürfnisse eurer Herzen erfüllen zu können – oder habt ihr gar vergessen, wie es ist, mit dem Herzen zu leben? Ihr merkt, dieses Thema erhitzt mein Gemüt, aber schließlich bin ich auch ein Feuerwesen. Wir nehmen kein Blatt vor den Mund.

Es ist ein schmaler Grat zwischen Leidenschaft und Zorn. Manchmal verwischen die Grenzen auch für uns, aber wir finden immer wieder zurück. Vielleicht fragt ihr euch nun, was die Leidenschaft mit dem Zorn zu tun hat. Eigentlich alles. Wer in Leidenschaft für etwas entbrennt, ist auch bereit dafür einzustehen, zu kämpfen und Opfer zu bringen. Doch diese Leidenschaft kann auch schnell zum Stolperstein werden. Wird sie nämlich vom Umfeld nicht akzeptiert, schlägt sie irgendwann in Frustration und dann in Zorn um. Und Zorn ist zerstörend, abschreckend und verstört den Geist.

Gerade spreche ich leidenschaftlich, denn das Thema schmerzt mein Herz, macht mich traurig. So tue ich, was mir möglich ist. Ich spreche durch meine Freundin zu euch, ich lasse die Lava als Warnung brodeln und bemühe mich, die Frustration zu umgehen und den Zorn nicht herauszulassen. Beim letzten Punkt haben schon viele Feuerwesen versagt und sind Opfer ihrer eigenen Natur geworden. Ganz ehrlich, wärt ihr nicht auch zornig, wenn wir eure Häuser niederbrennen würden?

Was ich mit all dem sagen will, ist einfach: Seid authentisch! Lasst eure Träume wachsen, folgt ihnen mit klopfenden Herzen, zieht hinaus, erlebt Abenteuer, begegnet neuen Menschen und kommt endlich wieder nach Hause. *Zu Hause ist, wo das Herz ist!*

Wie viele Krankheiten wie Depressionen, Burnouts, Organversagen, Blut- und Zuckerkrankheiten könntet ihr damit abwenden! Sie alle sind dem Druck nicht mehr gewachsen. Eingesperrt zu sein tötet langsam, man zerfällt dabei von innen. Ihr tragt eure Köpfe nicht mehr mit Stolz. Stolz darüber, auf dieser wundervollen Welt gehen zu dürfen. Stolz darüber, dass ihr einen freien Willen habt und ihn für unsere Mutter Erde einsetzen könnt. Hingegen seid ihr stolz auf eure Besitztümer, das neuste Handy, das beste Auto, die teuerste Wohnung und wo ist da die Lebensfreude geblieben? Was bedeutet dieses Wort noch für euch?

Es sind dies alles Fragen, die ich jeden von euch bitte, sich einmal zu stellen. Macht euch darüber Gedanken, bevor das Feuer aus der Tiefe kommt, denn dann wird es zu spät sein. Ich weiß, dass ihr es könnt. In all diesen Zeiten habe ich immer an euch geglaubt, und ich werde jetzt nicht damit aufhören!“

Wenn Feuer und Holz sich verlieben

Draußen neigte sich der Tag seinem Ende zu, die Abendsonne beschien die Berge und die Wärme ließ langsam nach. Es war ein anstrengender Tag gewesen, und doch verspürte ich eine innere Rastlosigkeit. Eine Meditation dürfte helfen, dachte ich und machte es mir bequem. Kaum war ich zur Ruhe gekommen, da tauchten vor meinem geistigen Auge Flammen auf. Meine Haut wurde warm, ganz so, als säße ich dicht vor einem Feuer. Ein weiblicher Feuergeist trat auf mich zu. Kein Wunder, dass ich so unruhig gewesen war. Die eindrucksvolle Dame gehörte zu einer Gruppe der eher wilden Sorte. Sie und ihre Schwestern hatten im Laufe der Menschheitsgeschichte eine Menge Namen getragen, von denen aber keiner wirklich blieb. Vulkani las ich hier und dort, und so wollen wir es dabei belassen.

Unsere feurige Freundin war von attraktiver Gestalt. Allerdings hatte ihr Körper keine wirkliche Ähnlichkeit mit dem eines Menschen, auch wenn die Größe ungefähr übereinstimmte. Sie trug flammende Kleidung und darüber eine glänzende Rüstung. In ihrer Hand hielt sie einen Stab und ihre Augen waren schwarz wie erloschene Kohle, strahlten aber eine innere Wärme aus. Das Auftreten der Vulkani war imposant, sie schmückte sich mit ihrer Kraft. Anstelle von Haaren loderten Flammen um ihr Haupt und ihre Lippen waren blutrot. Wahrlich, sie war eine eindrucksvolle Persönlichkeit und kam auch ohne Umschweife zum Thema. Eine Geschichte von einer Vulkani sollte es natürlich sein. Hier ist sie:

„Die Aufgabe einer Vulkani ist es, als Allererstes zu tanzen, zu kämpfen, sich zu bewegen und das Feuer anzufachen. Das ist wichtig, denn nur so kann sich die Energie transformieren. Ein Waldbrand ist etwas Herrliches. Vulkanausbrüche sind bei uns lang erwartete Feste und bringen Bewegung in das Leben. Bewegung führt zu Veränderung und Veränderung führt zu Entwicklung. Es ist eine feste Reihenfolge und wir Vulkani sind dabei bloß der Anfang, die Bewegung. So schaffen wir Wandel, verändern die Materie. Wir kämpfen gerne, wir lieben es, miteinander zu ringen, zu kreischen und das Feuer immer mehr anzustacheln. Ruhige, harmonische Orte sind nichts für uns, von diesen verschwinden wir schnell wieder. Da ist zu wenig Chaos.

Diese Geschichte hier aber soll auch eine andere Seite von uns zeigen. Denn auch wir können in seltenen Momenten innehalten.

Es war vor langer, langer Zeit, da hatte es einmal eine besonders wilde Vulkani gegeben. Lizzah war so flammend und kämpferisch, dass die anderen Feuergeister ihr oft Einhalt gebieten mussten. Während des Tanzes nahm Lizzah nichts anderes mehr wahr, nicht einmal mehr ihre eigenen Schwestern. Weite Landstriche litten unter ihrer Freude, dabei gab sich die Vulkani alle Mühe, ihr Feuer zu kontrollieren. So kam es dann, dass sie oft alleine unterwegs war. Sie schlich sich in die Häuser der Menschen und ließ deren Feuer grundlos ausbrechen. Sie trug glimmende Kohle über weite Strecken und entfachte sie in trockenen Gebieten. Aber Lizzahs Charakter war deswegen nicht böse, sie war einfach zu stark. Die Flammen in ihr waren unersättlich und so blieb ihr keine Wahl, als ihrem inneren Ruf zu folgen. Mit jedem Tag wurde sie einsamer, denn auch die anderen

Vulkani begannen ihre Nähe zu meiden. Diese Lizzah war selbst für ihren Geschmack zu unbeherrscht.

Deshalb suchten die Feuerwesen die anderen Elemente um Rat auf.

Die Wasserwesen schlugen vor, ihr Feuer zu löschen. Gesagt, getan. Doch Lizzahs Feuer war zu mächtig. Sie begann bloß zu dampfen, nur um dann von neuem auszubrechen. Hoch und weit schlugen die Flammen in jener Nacht.

Nun meinten die Luftwesen, man müsste Lizzahs Feuer in alle Winde zerstreuen, so dass es sich nicht mehr finden konnte. Gesagt, getan. Aber auch hier war Lizzahs Feuer zu stark. Mühelos hielt sie den Winden stand und ließ diese die Landschaft austrocknen, um sie danach in Brand zu stecken.

Verzweiflung wuchs unter den Naturwesen und die Erdwesen beschlossen, Lizzah mitsamt ihrem Feuer zuzuschütten. Gesagt, getan. Wieder erwies sich der Plan als Fehlschlag, denn Lizzahs Feuer war so heiß, dass die Erde zu rauchen begann. Wälder brannten in den darauffolgenden Tagen.

In ihrer Not wandten sich die Naturwesen an Mutter Erde. Doch die gütige Mutter bat sie nur, auf Lizzahs Herz zu vertrauen. Es würde ihr den Weg weisen.

An einem regnerischen Tag jedoch änderte sich Lizzahs Leben. Missmutig stapfte sie durch den nassen Wald und versuchte verzweifelt ein Feuer zu entzünden. In die warmen Feuerhöhlen ließ man sie nicht mehr hinein, ebenso wenig in die trockenen Erdlöcher. Selbstverständlich hatte Lizzah versucht, ihre Energie zu zügeln, aber immer, wenn sie kurz davorstand, brach ihre Selbstbeherrschung zusammen. Die

Vulkani war nicht glücklich mit ihrem einsamen Leben und konnte doch nichts daran ändern.

Da erblickte Lizzah auf einmal einen großen Baum. Dessen dichtes Blätterdach ließ keinen Regen durch und als Lizzah an seinen Stamm herantrat, stellte sie fest, dass dieser trocken war. Prächtig, hier konnte sie ein Feuerchen entzünden. Sie wollte sich schon an die Arbeit machen, als der Baumgeist hervortrat. Ein seltsamer Gefährte war das, von zierlichem Wuchs, während sein Baum doch so wuchtig erschien. Blätter wuchsen aus seinem Kopf und die grünen Augen sahen sie erschrocken an.

Er flehte sie an, mit dem Feuer wenigstens zu warten, bis seine Gäste fort sein würden.

Lizzah sah den Baumgeist verwundert an. ‚Welche Gäste?‘

Der Baumgeist rang seine furchigen Hände und erklärte ihr, dass er alle Tiere, die auf ihm wohnten als seine Gäste ansah.

‚Du bittest mich also nicht darum, dich nicht zu verschonen, sondern nur zu warten, bis deine Gäste fort sind?‘, fragte Lizzah misstrauisch.

Da nickte der Baumgeist und die Vulkani sah ihn verständnislos an.

Der Baumgeist, immer noch darum bemüht, Lizzah zu beschwichtigen, fuhr mit seiner Erklärung fort: ‚Es ist meine Aufgabe, über sie zu wachen. Ich trage die Verantwortung für sie.‘

Lizzah konnte ihn nur mit offenem Mund anstarren. Ihr, der wildesten Vulkani, hatte es die Sprache verschlagen. Dieser Baumgeist würde sich doch tatsächlich opfern, damit seine Gäste sich in Sicherheit bringen konnten. Das war zu viel für die kämpferische Lizzah. Ungläubig schüttelte sie den Kopf.

Der Baumgeist fasste dies als ihr Einverständnis auf und schwang sich zurück in seine Krone. Lizzah konnte ihn dort murmeln hören. Seine Stimme klang beschwichtigend, beschützend und nach und nach beruhigte sich der Lärm hinter den Blättern. Sie konnte das Huschen von Pfoten hören, welche sich zurück in die Sicherheit ihrer Baumhöhlen zurückzogen. Das Aufatmen der Insekten drang sanft durch das Blätterdach und die Vögel flogen munter zwitschernd in ihre Nester zurück.

Kurz darauf trat der Baumgeist wieder an sie heran und ließ sich neben ihr auf einer Wurzel nieder. Er stellte sich als Aheb vor. Aber als Lizzah ihm ihren Namen nannte, musste er leise lachen.

‚Du also bist die berühmte Vulkani, die alles niederbrennt?‘, scherzte er.

Ärgerlich senkte Lizzah ihren Blick. Ja, sie war wirklich eine Vulkani und was für eine, wenn sogar sämtliche Baumgeister um ihren Ruf wussten. Eine einsame Vulkani war sie. Aber nun würde sie etwas daran ändern – sie bat Aheb, ob sie eine Weile bei ihm bleiben durfte.

Der Baumgeist war verwundert und erfreut zugleich und gewährte ihre Bitte gerne.

Sonne und Mond wechselten sich viele, viele Male ab und noch immer weilte Lizzah beim Baumgeist. Ruhig und kontrolliert war sie geworden, denn dank seiner geduldigen Hilfe hatte sie endlich gelernt, ihr Feuer zu beherrschen. Es gelang ihr nun, kleine Feuerchen zu entzünden, ohne die Flammen anstacheln zu wollen. Manchmal, wenn der Drang aber zu stark war, machte sie sich auf zu einigen Gewittern und schwang sich auf die Blitze. Andere Vulkani begegneten ihr dort und nach einer Weile begannen sie Lizzah zu fragen, ob sie denn nicht in ihre Höhle kommen wolle. Lizzah aber lehnte jedes Mal höflich ab. Sie war noch nicht so weit, und außerdem hatte sie nun ein Zuhause gefunden.

Die Vulkani hatte eine Menge von Aheb gelernt: über das Leben, die Verantwortung, das Wachstum, die Veränderung, die Jahreszeiten und vor allem über die Liebe. Ja, denn am Ende hatten sich Lizzah und Aheb ineinander verliebt. Es waren wahrlich zwei gegensätzliche Wesen, die sich da gefunden hatten. Aber die beiden ergänzten sich aufs Schönste. Wo Lizzah aufbrausend und wild war, war Aheb sanftmütig und ruhig.

Lizzah beschützte ihren Liebsten vor Blitzen und Feuerbränden. Viele Gäste wohnten auf dem Baum und Lizzah begann ihre Anwesenheit zu genießen. Sie freute sich an den kleinen Waschbären, den neuen Insekten und Vögeln und den Besuchen von anderen Baumgeistern. Die Vulkani hatte ihren Frieden mit sich selbst gefunden, und sie war wieder in ihren geliebten Feuerhallen willkommen.

Vulkani

Es gab aber etwas, das Lizzah nicht kontrollieren konnte. Eine Vulkani lebt so ziemlich ewig, denn durch die Bewegung wird sie immer wieder neu geboren und verändert sich beständig. Aheb aber war ein Baumgeist und früher oder später stirbt ein Baum und mit ihm geht auch sein Geist. Er legt sich dann schlafen und kommt vielleicht, irgendwann einmal, wieder zurück. Dessen war sich Lizzah bewusst und doch fürchtete sie jenen Augenblick. Das war etwas, das an der Vulkani nagte, denn ein Feuerwesen kannte keine Furcht. Also suchte sie mit ihren Sorgen ein altes Feuerwesen auf.

‚Lizzah von den Vulkani', meinte dieses mit trockener Stimme, ‚du kannst den Lauf der Dinge nicht aufhalten. Deine Furcht kann ich verstehen. Dabei fürchtest du dich weniger vor dem Verlust als davor, dass dich dein Liebster vergessen könnte; dass du ihn vergessen könntest. Was dich bedrückt ist, dass du die Erinnerungen an ihn verlieren könntest. Hab keine Angst, Liebe währt ewig, denn sie ist überall!'

Einigermaßen beruhigt ob der Worte des weisen Feuerwesens ging Lizzah zurück zu Aheb. Sie begann die Zeit mit ihm aus einem neuen Blickwinkel zu betrachten. Sog jeden Augenblick in sich auf, genoss die Momente und bewahrte sie tief in ihrem feurigen Herzen. Denn die Liebe einer Vulkani war schon immer etwas Besonderes.

Und so gab es eines Tages nichts mehr, das Lizzah tun konnte, um Aheb zum Bleiben zu bewegen. Schon lange stand er schief, knarrte gefährlich im Wind und wurde immer schweigsamer.

‚Liebste Lizzah', sagte er müde. ‚Sieh doch, meine Gäste sind alle fort. Meine Rinde ist trocken, die Blätter stumpf und meine Wurzeln erschöpft. Es ist der Lauf der Zeit und ich bin bereit. Trage unsere Liebe in deinem Herzen und während ich schlafe, werde ich von dir träumen.'

Darauf wusste Lizzah nichts mehr zu sagen und endlich konnte sie Aheb gehen lassen. Sie setzte sich an die Wurzeln des alten Baumes und wartete. Langsam fiel Aheb in sich zusammen. Die Sonne kam und ging, bis dass Ahebs morsches Holz nachgab. Lizzah konnte hören, wie er sich mit einem freudigen Ausruf von der Erde löste. Seine kühlen Finger strichen noch ein letztes Mal über ihre brennenden Wangen und dann war Aheb fort. Da begann Lizzah zu weinen. Zwar konnte sie keine Tränen wie die anderen Geister weinen, aber einzelne Funken sprangen aus ihren Augen und setzten den toten Baum in Brand.

Viele Augenblicke vergingen, ehe Lizzah bereit war, diesen Ort wieder zu verlassen. Ruhelos wanderte sie um die Welt. Aber irgendwann erkannte Lizzah, dass Aheb sie nie verlassen würde – er lebte ja in ihrem Herzen! Manchmal besuchte er sie in ihren Träumen. Er schien durch andere Bäume mit ihr zu sprechen und da wusste Lizzah, dass Aheb sie nicht vergessen hatte.

Zwar waren aus ihrer Gemeinschaft keine Kinder geboren worden, aber ihre Liebe wurde zur Legende. Sowohl unter den Vulkani als auch unter den Baumgeistern. Feuer und Holz, die sich ineinander verliebten, ohne dass das Feuer dabei das Holz verbrannte.

Und dies ist die andere Seite einer Vulkani. Wenn wir uns verlieben, kann auch unsere Welt manchmal still stehen ...“

Osrik, der Drache und die Kraftlinien

Sobald ich das Wort „Drache" höre, geht mein Herz auf. Schon immer hegte ich tiefe Bewunderung für diese mächtigen Wesen mit ihren großen Flügeln, den scharfen Krallen, spitzen Zähnen und funkelnden Schuppen. Was es von ihnen zu lesen gab, habe ich in mir aufgesogen. Und doch machte es mich unendlich traurig, in wie vielen Geschichten sie als mordend und brandschatzend dargestellt wurden. Böse Bestien, getrieben von ihrer Gier nach Gold und Jungfrauen. Damit wollte ich mich nie abfinden und habe begonnen, mit ihnen zu arbeiten. Ich wollte die Drachen selbst verstehen, erleben, was sie persönlich bewegt, und nicht, was ihnen angedichtet worden war.

Die Aufgaben und Kräfte eines Drachen sind so vielseitig und unterschiedlich wie die menschliche Psyche. Ursprünglich kommen die Drachen nicht von der Erde. Sie stammen aus dem Äther, sie sind dessen Boten, sie erschaffen ihn sogar. Drachen tragen das Licht der Schöpfung in sich – wir übrigens auch – und verbinden sich deshalb am liebsten mit dem Feuerelement, denn Feuer gehört zum Licht. Aber es gibt auch Unmengen von Erd-, Luft-, Wasser- und Ätherdrachen.

Wollte man die Aufgaben und das Wirken der Drachen versuchen zu beschreiben, würde nicht einmal eine Bibliothek ausreichen. Denn um das Universum im Gleichgewicht zu halten, bedarf es ihrer vielen Talente und Gesichter. Wie kein anderes Wesen können Drachen kalkulieren und berechnen, was sinnvoller für das Allgemeinwohl wäre. Um das Überleben und Wachsen vieler zu fördern, können sie, ohne mit der Wimper zu zucken, ganze Regionen opfern. Sicherlich hat dies dazu beigetragen, dass sie als böse und gierig in unseren Köpfen herumspuken. Dabei ist es am Ende nur ihre unerschöpfliche Kraft, die wir fürchten, und nicht die Drachen selbst.

Seit Mutter Erde geboren wurde, haben ihr die Drachen geholfen, und auch wenn sie nicht wirklich zu den Naturwesen zählen, so wäre eine Welt ohne die Drachen unvorstellbar. Bei den Naturwesen genießen die Drachen hohes Ansehen, auch wenn sie diesen in der Regel aus dem Weg gehen. Einen Drachen möchte niemand verärgern, denn dann geschehen eben solche Dinge, wie in den Legenden erzählt werden.

Dieses hier ist die Geschichte von einem Drachenjungen namens Osrik. Wer genau mir diese erzählt hatte, kann ich nun nicht mehr sagen. So viele Dinge wurden mir von den Drachen mitgeteilt, dass ich ganze Bücher damit füllen könnte. Hier also erst einmal eine von vielen Geschichten:

„Eine Entscheidung ist weder richtig noch falsch, weder gut noch schlecht. Letztendlich kommt es darauf an, was du daraus machst."

Der Drachenjunge hatte die Worte seiner Mutter noch immer in den Ohren und sie spendeten ihm Trost an diesem fremden Ort. So wie alle Jungen war es auch für ihn Zeit gewesen, das Nest zu verlassen, um in die Unendlichkeit des Alls einzutauchen. Man könnte es als eine Art Reifeprüfung sehen, doch für einen Drachen ist es viel mehr. Er durchstreift den Äther, um sich selbst zu finden, um zu verstehen, wie das Leben aufgebaut ist. Dank seinen Reisen kann er sich am Ende entscheiden, wofür er seine Kraft einsetzen möchte. Da gab es jene Drachen, welche gleich die Verantwortung über ganze Galaxien übernahmen, und andere, die sich auf einzelne Planeten beschränkten. Aber es gab auch noch jene, die sich der Zerstörung verschrieben hatten. Dies waren eher gewalttätige Naturen, und auch die anderen Drachen mieden sie wenn möglich. Dennoch war es wichtig, dass es einige dieser Art gab, die sich für diesen Weg entschieden. Jeder Drache wusste das. So wie jeder Drache nicht Schwarz und Weiß unterschied, sondern das Grau lebte, das Gleichgewicht aller Dinge.

Osrik war ein stattlicher, junger Drache. Für sein Alter zwar eher klein, dafür aber kräftig und ausdauernd. Seine Schuppen waren hell, eine funkelnde, orange Mischung und seine Schwingen fast weiß. Er hatte rote Augen und wie man es von Drachen kannte, senkrechte Pupillen. So zog er seine Bahnen durch den Äther, stets auf der Suche nach einem Ort, an dem sein Herz weit werden würde. Manchmal schloss er sich mit anderen Drachenjungen zusammen und für eine Weile reisten sie gemeinsam weiter.

Wie und wann genau Osrik auf Mutter Erde stieß, konnte er nicht mehr sagen. Er saß nur da, auf dem Mond (Mutter Erdes Tochter) und starrte sie an. Wie wunderschön diese Erde doch war. Grün, blau, weiß, grau, schwarz, rot; glitzernd und pulsierend. Das musste er sich genauer ansehen, und so flog Osrik hinab. Er glitt durch die klaren Lüfte, tauchte in die tiefblauen Meere, wand seinen Leib durch grüne Wälder, erklomm weiße Berge und folgte dem Lauf von Wüstendünen. Es gefiel ihm sehr gut hier, sogar mehr als gut. Er fühlte sich geborgen. Viele wundervolle Dinge hatte Osrik in seinem jungen Leben schon gesehen, doch Mutter Erde barg eine Schönheit, die ihn zutiefst berührte. Hier wollte er bleiben!

Bis zu jenem Tage gab es immer wieder Drachen, die sich um Mutter Erde gekümmert hatten, aber noch keiner hatte auf ihr leben wollen. Osrik war also der Erste, der sich hier niederließ.

Lange erforschte er die Wunder von Mutter Erde, immer auf der Suche nach einer Aufgabe, die er übernehmen konnte. Doch alles hatte schon seine Wächter und war fließend geregelt. Da begann sich Osrik zu fragen, warum er zu diesen Ort gekommen war. Ratlos zog der junge Osrik umher und wurde darüber furchtbar traurig. Wozu sollte ein Drache ohne Aufgabe gut sein? Dicke Tränen kullerten über seine Wangen und fielen auf die Erde. Dann geschah plötzlich ein kleines Wunder. Die Tränen des Drachen verwandelten sich in strahlende Edelsteine. Opale, Rubine, Smaragde, Diamanten – die Steine wollten nicht aufhören zu wachsen. Naturwesen kamen von nah und fern, um diese funkelnden Kostbarkeiten zu bewundern. Sogleich erkannten sie die den Edelsteinen innewohnenden Kräfte und versprachen, sie gut zu hüten. Ein jeder Stein hatte eine besondere Eigenschaft und dank Osrik stand er in Verbindung mit dem Universum, der Unendlichkeit. Natürlich machte Osrik dies sehr glücklich, denn er hatte Mutter Erde damit noch einzigartiger gemacht. Endlich hatte er etwas zum Wohl einer Gemeinschaft beitragen können und musste vor Freude abermals weinen: Gold, Silber, Kristalle ... sie alle purzelten aus seinen roten Augen. Doch Osrik war ein kluger Drache und erhob sich rasch in die Lüfte und zog seine Kreise um Mutter Erde. So konnte er seine Gaben um ihren Leib verteilen.

Nach getaner Arbeit stellte Osrik fest, dass er wieder nichts zu tun hatte. Irgendetwas musste es doch noch für ihn geben, denn noch immer wollte er Mutter Erde nicht verlassen. Abermals durchstreifte er jeden Winkel, bis er schließlich an einen verlassenen Winkel kam. Kahle Bäume ragten in den Himmel, der Boden war trocken, die Flüsse verschwunden und die Luft schwer. Neugierig, wie es denn dazu hatte kommen können, suchte Osrik das Gebiet ab. Er hätte ja gerne die freundlichen Naturwesen gefragt, aber auch diese waren verschwunden. Wirklich seltsam und beunruhigend. Osrik konnte sich nämlich nicht vorstellen, dass die Naturwesen ihre geliebten Pflanzen einfach so zurücklassen würden.

Auf einmal fiel sein Blick auf eine merkwürdige Linie. Diese Kraft- oder Erdlinien waren ihm nicht unbekannt, durchzogen sie doch den ganzen Planeten und hielten ihn energetisch zusammen. Diese Linie hier aber war anders. Da war kein Leuchten zu sehen, kein Summen zu hören und keine Energie zu fühlen. Vielleicht lag es ja daran, dass dieser Ort ausgestorben war, denn nichts kann ohne Lebensenergie überleben. Das konnte Osrik nicht zulassen und so setzte er sich neben die Linie. Lange sah er sie an, sprach mit ihr, fragte, was sie brauche, und mit jedem seiner Worte begann die Linie heller zu strahlen. Sie wurde neu geboren. Die Energie floss wieder ungehindert durch ihren Körper, brachte das Leben zurück und mit ihm die Naturwesen.

Dankbar umschwärmten sie Osrik, ihre munteren Stimmen plapperten voll des Lobes auf ihn ein. Der junge Drache genoss die Aufmerksamkeit sichtlich, denn es ist eine der kleinen, liebenswerten Schwächen eines jeden Drachen – manchmal einfach eitel zu sein.

„Liebe Freunde", sagte da Osrik, „ich habe es gerne getan. Aber sagt mir, wie konnte so etwas passieren?"

Ein kleiner, lustiger Kobold sprang auf Osriks große Tatze und begann, aufgeregt zu sprechen. Wild fuchtelten seine Hände dabei durch die Luft. „Jeden Tag putzen wir die Linien, befreien sie von Schmutz, damit sie ungehindert leuchten können. Wenn eine Linie aber stirbt, können wir nichts dagegen tun, außer sie zu verlassen. Wir besitzen nicht die gleiche Kraft wie du, Osrik. Wir können nicht alte Dinge neu beleben, so wie du."

„Oh." Als Osrik dies hörte, wurde er traurig. Er sah die Kettenreaktion dieser Schwäche, denn irgendwann einmal würden alle Linien tot sein und somit auch das Leben auf Mutter Erde. Tatendrang begann sich in Osriks starker Brust zu regen. Nein, so weit würde er es nicht kommen lassen! Nun war er hier und er würde dafür sorgen, dass die Linien stets mit genügend Lebenskraft versorgt wären.

„Keine Sorge", wandte sich Osrik liebevoll an die Naturwesen, „jetzt bin ich hier, und ich werde mich um die Lebenskraft der Linien kümmern."

Die Naturwesen feierten ihm zu Ehren ein großes Fest und verkündeten seine Worte bis in alle Winkel von Mutter Erde. Als Zeichen ihrer Dankbarkeit erhielten die Linien einen neuen Namen; Drachenspuren. Und seit jenem Tage sind die Drachen auf Erden für die Kraftlinien zuständig. Sie überwachen deren Lebensstrom, während die Naturwesen diese pflegen. Somit halten sie den Planeten zusammen, bewahren das Gleichgewicht, bringen Harmonie und Wachstum in die Natur.

Und bis heute finden immer wieder neue Drachen den Weg auf Mutter Erde. Einige werden sogar hier geboren, so wie Osriks Kinder. Der junge Drache wurde ein fester Bestandteil des Lebenszyklus hier auf Erden und ein wahrer Freund Gaias. Auch heute noch weilt Osrik unter uns, denn Drachen können ewig leben. Seine Liebe zur gütigen Mutter ist unvermindert groß.

Dabei hatte Osrik unbewusst auch die Magie auf Mutter Erde gebracht. Und mit der Magie kamen Fantasie und Endlosigkeit.

Das wertvollste Geschenk auf Erden

Schweißige Hände, ein heißer Kopf und ein ständiges Bedürfnis nach Flüssigkeit waren nur einige der vielen Empfindungen, welche mich beim Schreiben mit den Feuerwesen „heimsuchten". Immer wieder überrascht es mich, wie gut man ihre Anwesenheit doch fühlen kann, sofern man gewillt ist, dies zuzulassen.

Dieses Mal war es ein kleines Feuergeistchen, welches mich für ein Gespräch aufsuchte. Auch wenn ich es nun als niedlich und quirlig beschreibe, so darf man nie vergessen, dass auch dieses winzige Wesen einen Brand verursachen kann. Das Feuer führt uns immer wieder vor Augen, wie vergänglich die Materie ist.

Besagtes Feuergeistchen war nicht größer als eine kleine Flamme. Munter hüpfte es umher und blieb nie lange genug an einer Stelle, um es wirklich sehen zu können. Seine Stimme knackte und zischte, es sprach schnell, wie die meisten Wesen dieses Elementes:

„Wir Feuergeister sind bekannt für unsere Leidenschaft, unsere Liebe, und darüber möchte ich euch etwas erzählen. Das Feuer ist elementar, wenn es um die Fortpflanzung geht, denn erst wir erwecken in Mensch und Tier das Verlangen danach. So dürfte es auch niemanden wundern, wenn unsere Geschichten sich oft darum drehen. Wir sind schließlich leidenschaftliche Liebhaber und die Liebe steht bei uns über allem – gleich mit der Freiheit, versteht sich.

Tief in einem der größten Vulkane lebte einst ein Feuergeist. Er war ein wundervoller Geselle; wahrlich feurig und wild, leicht entflammbar, ein Raufbold und der beste Liebhaber unter allen Feuergeistern – so heißt es jedenfalls. Bahach wurde er von vielen genannt, und wir haben eine Unmenge von Geschichten über ihn. Er liebte die Lava, deren Hitze und Kraft und konnte tagelang darin herumwirbeln, ohne an etwas anderes zu denken. Seine Augen sollen grün gewesen sein und sein Leib ein Flammenmeer. Er war einer der wenigen, dem es immer wieder aufs Neue gelang, eine Vulkani zu verführen. Niemand wusste, wie er das tat, und er selbst wahrscheinlich auch nicht, denn es war alles andere als leicht. Wilde Feste wurden damals gefeiert, Wein floss in Strömen, die Lava schlug hoch und selbst aus den tiefsten Tiefen von Mutter Erde gesellten sich andere Feuerwesen zum Feiern dazu. Bei seltenen Gelegenheiten erschienen sogar einige der Lichtwesen, denn Licht *gehört* zum Feuer. Licht ist die ‚höhere' Schwingung von Feuer und nicht an die Materie gebunden.

Bahach hatte ein lautes und fröhliches Lachen, welches man bis über den Vulkanrand hinaus hören konnte. Ein ansteckender Gefährte, dieser Bahach.

So gut wie nie verließ Bahach seinen geliebten Vulkan, er hatte auch keinen Grund dazu. Sein Leben war wundervoll, so wie es war. Ihr müsst wissen, ein Feuergeist ist überall dort zu Hause, wo es Feuer gibt, und davon gab es in Bahachs Vulkan so reichlich, dass es ihn nach nichts Weiterem verlangte.

Eines Tages aber verirrte sich ein fremder Feuergeist in seinen Vulkan. Es war ein wunderschönes Wesen, voller Sinnlichkeit und Anmut und Bahach verliebte sich schlagartig. Doch die schöne Feuerdame war nicht an Bahachs Hof gekommen, um ihn kennenzulernen. Es war mehr ein Missverständnis, denn eigentlich hatte sie ihren Onkel besuchen wollen. Dieser Onkel lebte nämlich einen Vulkan weiter als Bahach. Unser Verführer kannte den Onkel der schönen Unbekannten recht gut, schon manch wildes Fest hatten sie zusammen gefeiert. So bat Bahach die Schöne, noch eine Weile bei ihm zu bleiben. Er würde gleich eine Nachricht an ihren Onkel schicken, dass sie sich bei ihm befinde. Dann könnten sie zusammen ein herrliches Fest veranstalten. Die Schöne hörte auf den Namen Veischa, und ihr waren die Geschichten um Bahachs legendäre Feste wohlbekannt. Neugierig, ob sich diese Erzählungen als wahr erwiesen, sagte sie zu.

Bahach war darüber höchst zufrieden, denn er war überzeugt, dass die schöne Veischa unmöglich seinem Charme widerstehen könne. Sie wolle ihn sicher näher kennenlernen. Also lud er ihren Onkel und viele Feuerwesen ein. Es sollte schließlich ein besonderes Ereignis werden.

Tage und Nächte dauerte das Fest und Veischa sah die Geschichten bestätigt. Irgendwie machte sie dies traurig, aber sie konnte sich nicht erklären warum. Oft tanzte Bahach mit ihr über die Lava und vergaß dabei seine Gäste. Es war diesen wohl aufgefallen, dass Bahach so abwesend wirkte. Keine einzige andere Feuerdame konnte seine Aufmerksamkeit fesseln und die Feuerwesen begannen sich zu fragen, welche Flamme ihren Freund verzaubert hatte.

Auch Veischa konnte sich dem faszinierenden Bahach nur schwer entziehen. In seinen Augen glaubte sie Tiefe und Treue zu sehen, welche sie bei keinem anderen Wesen gesehen hatte. Doch Veischa war eine sehr starke Feuerdame und hatte ihre klaren Vorstellungen. Sie wollte nicht nur einen mächtigen Feuergeist, sondern auch einen, der sie ehrte. Als das

Fest sich dem Ende neigte, da nahm Bahach seine Angebetete zur Seite.

‚Liebste Veischa', sagte er flüsternd, denn was er zu sagen hatte, war nur für ihre Ohren bestimmt. ‚Noch nie zuvor habe ich eine schönere Flamme gesehen, einen lieblicheren Charakter und eine anmutigere Tänzerin. Willst du meine Frau werden?'

Die gute Veischa war seiner Worte wegen leicht vor den Kopf gestoßen. Wohl hatte sie bemerkt, dass Bahach einiges für sie empfand, aber dass er so starke Gefühle hatte, war ihr entgangen. Aber auch sie fühlte sich mit dem wilden Gesellen tief verbunden und war schon fast geneigt ja zu sagen, hielt dann aber kurz inne, um nachzudenken.

‚Guter Bahach', antwortete sie ihm sanft. ‚Ich muss sagen, ich bin etwas überrascht, dass du mich dies fragst, und ich kann dir jetzt noch keine Antwort geben. Aber', fuhr sie beschwichtigend fort, als Bahachs Gesicht in sich zusammenzufallen schien, ‚ich werde deine Frau, wenn du mir etwas bringst.'

Bahach nickte. ‚Alles, was du begehrst!'

Lächelnd sah sie ihn ernst an. ‚Bring mir das Wertvollste auf dieser Welt und ich werde dich heiraten.'

Da drückte Bahach ihr einen Kuss auf die Wange. ‚Du sollst das Schönste und Kostbarste erhalten. Ich gelobe erst wieder zurückzukommen, wenn ich es gefunden habe!'

Gleich darauf verließ Bahach seinen geliebten Vulkan, um seiner Liebsten das schönste Geschenk mitzubringen. Als Feuergeist war ihm natürlich klar, dass die größten Schätze im Feuer zu finden waren. Folglich startete er seine Suche im Erdinnern dort, wo die mächtigsten Feuer wohnten. Aber alles, was er fand, waren Hitze, Flammen und Lava. Davon gab es in seinem Vulkan genügend, also musste es sich um etwas noch Wertvolleres handeln. Bahach stieg zu den Feuerwesen des Himmels auf. Diese Wesen waren schon mehr Licht als Feuer, zählten aber noch zum Feuerelement. Hier fragte er die Lichtwesen, ob sie ihm das Kostbarste auf Erden zeigen könnten. Natürlich, meinten diese und fassten sich an die Herzen. Das Licht sei das Wertvollste, das existierte. Nun stand Bahach vor einem Problem, denn Licht konnte man nicht einfach so mitbringen. Er musste also weitersuchen.

Da er sich gerade im Himmel befand war, befragte er gleich noch die Luftwesen.

‚Die Luft ist das kostbarste Gut auf Mutter Erde', meinten diese auf seine Frage. Natürlich konnte Bahach seiner Liebsten auch dieses nicht mitbringen und zog weiter.

Bei den Erdwesen erhoffte er sich mehr Glück. ‚Die Erde selbst ist das Wertvollste und Schönste, was es geben kann', antworteten diese ihm einstimmig.

Bahach wurde unruhig. Es musste doch irgendetwas geben, und so machte er sich schließlich etwas widerwillig zu den Wasserwesen auf. Feuer und Wasser waren nicht immer die besten Freunde, aber es konnte nicht schaden, einfach einmal nachzufragen.

‚Das Wasser gehört mitunter zu den kostbarsten Dingen auf Mutter Erde, aber es gibt noch etwas, das über allem steht.'

‚Was denn?', fragte Bahach begierig.

Da sahen ihn die Wasserwesen lächelnd an. ‚Es ist ein Rätsel, mit welchem du deine Liebste gewinnen kannst: Nicht fassbar und doch allzeit spürbar. Keine

Grenzen können es halten, außer du selbst sperrst es ein. Unablässig klopft es an deine Türe und ist dabei die Pforte selbst. Man kann es nicht verschenken, aber jemanden darin wohnen lassen.‘

Daraus wurde Bahach zwar nicht schlau, bedankte sich aber gleichwohl bei den Wasserwesen. Es hatte schon seine Gründe, dass er diese nicht sonderlich mochte. Merkwürdige Wesen, mussten immer alles so tiefsinnig betrachten. Klar und leuchtend hingegen wie eine Flamme sprachen die Feuerwesen. So mochte er es.

Der Feuergeist gehört nicht zu der Sorte Wesen, die einfach aufgaben, und so reiste er weiter um die Welt, rastlos und immer verzweifelter. Nirgendwo fand er das Kostbarste. Bis er eines Tages an einen hohen Berg gelangte und beschloss, dort oben nachzusehen. Auf der Bergspitze angekommen, fand er nichts außer nacktem, kaltem Stein. Niedergeschlagen setzte er sich hin und ließ seinen Blick über die Landschaft zu seinen Füßen gleiten. Es war wunderschön hier oben, so ruhig und friedlich, dass einem wohl ums Herz wurde. Fern allem anderen Leben war er hier in eine andere Welt getreten. Sollte er nicht fündig werden, so beschloss er, sich hierher zurückzuziehen, um da zu leben. Bahach konnte fühlen, wie sein Herz bei diesem Gedanken wilder zu schlagen begann, und dann verstand er auf einmal. Das Rätsel der Wasserwesen schoss ihm durch den Kopf. *Unablässig klopft es an deine Türe und ist dabei die Pforte selbst.* Sein Herz! Sein Herz war das Kostbarste, was er seiner Liebsten geben konnte. Endlich hatte er es gefunden und dabei doch die ganze Zeit schon mit sich herumgetragen. Nun hielt den Feuergeist nichts mehr auf dem Berg. Einem Waldbrand gleich fegte er zurück zu seinem Vulkan, daran vorbei und weiter zum Vulkan von Veischas Onkel. Sie hatte versprochen dort auf ihn zu warten, gleich wie lange es dauern würde. Ob sie wohl ihr Wort gehalten hatte?

Als Bahach dort ankam, fand er Veischa tanzend auf der Lava. Er war länger fort gewesen, als er gedacht hatte, aber doch nicht zu lange.

Die Augen der schönen Veischa begannen vor Freude zu leuchten, kaum dass sie Bahach erblickte. So sehr hatte sie auf seine Rückkehr gehofft, denn auch sie hatte sich unsterblich in den Feuergeist verliebt.

Aufgeregt nahm Bahach seine Liebste bei der Hand. ‚Veischa, ich bin durch die Welt gereist – an die höchsten und tiefsten Orte und habe nichts gefunden, denn ich habe es schon immer in mir getragen. Ich kann dir mein Herz nicht schenken, aber ich wünsche mir, dass du darin wohnen willst. Du sollst es mit deinem Lachen und deiner Liebe beleben und so will ich in dem Deinen leben.‘

Da war Veischa glücklich und küsste ihren Liebsten leidenschaftlich. Die beiden feierten eines der größten Feste, das es je gegeben haben soll. Nicht nur die Feuerwesen waren zur Hochzeit eingeladen. Auch Luft-, Erd- und sogar einige Wasserwesen tauchten auf. Alle neuen Freunde von Bahach waren gekommen, um seine Veischa kennenzulernen.

Am Ende haben Bahach und Veischa doch zueinander gefunden und noch heute kennen wir Feuergeister den Ausruf ‚feiert bis dass Bahach erscheint‘ oder ‚tanzt bis dass Veischa erscheint‘. Denn die legendäre Hochzeitsfeier soll fast einen ganzen Zyklus gedauert haben.“

ÄTHER

Vom Anfang, vom Ende und wenn der Kreis sich schliesst

Hier fügt sich alles zusammen und verströmt sich doch gleich wieder. Hier sind Anfang und Ende. Hier, wo Leben geboren wird und der Tod es sogleich mit offenen Armen umarmt. Hier schließt sich der Kreis.

Vielleicht taucht jetzt die Frage auf, wo dann dieses „hier“ genau ist. Die Antwort ist einfach: überall und nirgendwo. Nun, auch mit dieser Aussage kann nicht jeder etwas anfangen, aber schließlich steckt der Äther voller Widersprüche. Das Element Äther in Worte fassen zu wollen geht eigentlich gar nicht. Den Äther muss man erfahren, erfühlen und verstehen. Äther ist einfach! Der Äther umfasst alle anderen Elemente: Erde, Luft, Wasser und Feuer. Äther ist alles, Äther ist nichts.

Ähnlich verhält es sich mit den Ätherwesen. Irgendwie gehören sie überall hin und doch kann man sie nirgends zuordnen. Sie sind der Äther selbst. Sie koordinieren, lenken, leiten und führen für das Wohl aller. Sie kalkulieren und entscheiden. Sie sind überaus mächtig und einflussreich, schmücken sich allerdings nicht damit.

Ätherwesen wirken oft seltsam entrückt, nicht von dieser Welt. Es sind Wesen so unterschiedlich voneinander, dass es unmöglich ist, sie zu charakterisieren. Ihre Aufgaben sind das Kanalisieren, Umsetzen und Überwachen von Vorgängen. Ätherwesen verteilen die Aufgaben an andere Naturwesen, an Lebewesen überhaupt. Die Fähigkeit, dass große Ganze sehen zu können, lässt sie aus menschlicher Sicht manchmal kaltherzig oder ignorant erscheinen. Dabei liegt ihre Aufgabe auch im Fortbestand, der Sicherheit und der Regelmäßigkeit – schlicht dem Einhalten der kosmischen Gesetze. Sie sorgen für Ordnung und Klarheit und halten so die Waage im Gleichgewicht.

Als Menschen kommen wir mit dem Äther nur wirklich in Berührung, wenn wir Innenschau betreiben. Meditationen, Reisen in die eigene Seele ermöglichen einen Kontakt zu diesem Element. Deshalb wurde entschieden, dass nur eines dieser Wesen uns etwas über den Äther erzählen wird. Hier kommt also ein Herantasten an eine Materie, für die es schlicht keine Worte gibt.

Vom Leben im Leben – flüchtige Gedanken

Eines Tages trat ein wundervolles Wesen auf mich zu. Sie zu beschreiben liegt mir fern, denn wie alle Ätherwesen war sie von überirdischer Schönheit, und sie veränderte ihr Aussehen mit fast jedem Wort ein klein wenig. Die weibliche Präsenz aber war deutlich spürbar, ebenso ihre Stärke. So also setzte ich mich auf den Balkon, umringt von Vogelgezwitscher und einem lauen Luftzug, und begann zu schreiben:

„Meinen Namen werde ich nicht nennen. Es sind deren viel zu viele und sie würden wohl ein eigenes Buch füllen. Außerdem bin ich gekommen, um euch an meinen Gedanken und Gefühlen teilhaben zu lassen.

Im Äther geht es um Vertrauen. Dinge frei herumstreichen und wachsen zu sehen, zu akzeptieren, dass Namen einengen. Wir alle kennen einander, hier im Äther. Dazu bedarf es keiner Namen, denn jede Seele ist einzigartig und rein in ihrem Ursprung. Wie also könnte man all diese Gefühle, Empfindungen, Erfahrungen und Werte in einem Namen, einem Wort, zusammenfassen?

Doch die meisten von uns nehmen mit euch Menschen über einen Namen Kontakt auf. Es ist einfacher für euch, aber komplizierter für uns, denn dann werden wir nach einem einzigen Wort beurteilt. Da dies aber ein Buch von und über uns ist, dürfen wir es uns an dieser Stelle erlauben, namenlos zu erscheinen. Schließlich sind wir alle Äther: die Naturwesen, Engel und Erzengel, die aufgestiegenen Meister, die Seelen von Mensch und Tier – alles entstammt dem Äther. Die Drachen aber, sie erschaffen den Äther. Oftmals missverstandene Seelen, leider. Aber hier geht es um andere Dinge.

Dieses hier wird kein Frage-Antwort-Gespräch sein. Wir wissen schon vor einem Gespräch, was ihr uns fragen wollt und worauf ihr euch eine Antwort erhofft. Selbstverständlich lassen wir euch immer selbst nachhaken, das ist wichtig. Eines Tages aber werdet ihr erkennen, dass Zuhören ein Geschenk ist. Wer ein guter Zuhörer ist, der ist weise. Ihr könntet den lieben langen Tag nichts anderes tun: auf die Klänge der Natur horchen, dem Singen und Plappern der Tiere lauschen, der Leidenschaft in den Stimmen der Mitmenschen ein Ohr schenken und ganz besonders auf sich selbst hören. Es erfordert viel Geduld und auch einiges an Mut, sich selbst zuzuhören!

Diese Dinge sind elementar, will der Äther verstanden und erlebt werden. Wobei wir auch schon beim nächsten Thema sind: dem Verstand.

Er vermittelt Sicherheit und hilft dem Menschen zu überleben. Aber mittlerweile ist er mehr zu einem Hindernis geworden. Ihm wird zu viel Bedeutung zugemessen und dabei das Wichtigste übergangen: DAS HERZ.

Ursprünglich war der Verstand u. a. als Brücke zwischen Seele, also auch den Herzenswünschen, und materieller Welt gedacht. Versteht uns nicht falsch, ein wacher und guter Verstand ist essenziell. Er befähigt den Menschen, Nahrung zu finden und seinen Körper zu versorgen. Er lässt ihn erkennen, welche Dinge schädlich sind und welche er benötigt. Der Verstand hilft abzuwägen und zu kalkulieren und ist männliche Energie. Er will etwas in Bewegung setzen, Neues schaffen, in Aktion treten. Seele und Herz hingegen sind weibliche Energie. Sie bringt die Ideen, die Wünsche und Träume, aus denen die männliche Energie etwas kreieren kann. Und den Körper könnte man als das Kind von Seele und Geist ansehen. Natürlich ist dies nur eine Sichtweise, denn wie bei allem gibt es immer mehrere Möglichkeiten. Manchmal muss man nur entscheiden, welche Möglichkeit im Moment die richtige ist. Denn wahr sind sie alle, nur nicht immer gleich wichtig. Letztendlich muss man sich immer jede Sekunde aufs Neue entscheiden ...

Eure Welt wird momentan vom Verstand regiert. Die männliche Energie unterdrückt die weibliche. Damit meine ich nicht nur, dass Männer die Frauen bedrängen, sondern das ganze Denken in eurer sogenannten Zivilisation ist männlich. Die Waage ist nicht mehr im Gleichgewicht, und folglich erschafft ihr nur zerstörerische Dinge. Ihr habt vergessen, dass es die weibliche Energie ist, welche Leben schenkt. Würdet ihr eure Maschinen mithilfe der weiblichen und männlichen Schwingung zusammen konstruieren, hättet ihr viele der Umweltprobleme nicht mehr. Es braucht stets BEIDES! Man muss mit dem Herzen verstehen, um Zufriedenheit erlangen zu können.

Vielleicht fragt ihr euch nun, was das alles mit dem Äther zu tun hat. Lasst mich euch sagen, dass alles vom Äther durchdrungen ist. Früher oder später fließt alles dorthin zurück. Deshalb ist es so wichtig, dass man lernt zuzuhören, zu beobachten, und Vernetzungen herstellt. Alles fließt. Nichts steht nie ganz still.

Wir Ätherwesen sind immer in Bewegung. Irgendwann bedarf es überall unserer Unterstützung. So ziehen wir umher – rastlos würdet ihr es nennen. Wir aber sind im Wandern zu Hause, wachsen an der Verantwortung und finden Zufriedenheit im Wandel. Als Menschen könnt ihr diese Gefühle sicherlich nicht nachvollziehen. Ihr habt verschiedene Aufgaben mit einem anderen Wirkungskreis. Schließlich sind wir doch alles eigene Individuen, mit Sehnsüchten und Träumen, und dennoch eins im Fluss des Lebens.

Äther – es ist ‚nur' ein Wort. Eine Beschreibung für etwas, für das es gar keine geben müsste. Ich bin schon alt. Ich meine wirklich alt. Ihr könntet gar nicht so viele Zahlen erfinden, um mein Alter erfassen zu können. Ich BIN, genauso wie der Äther Ist! Es gab einst eine Zeit, da hätten diese Worte längst ausgereicht, um den Äther zu beschreiben. Nun müssen ganze Bücher Seite um Seite gefüllt werden und es scheint noch immer zu wenig zu sein. Auch dies geht eines Tages vorüber, so wie alles dem Strom folgt; wie eine Welle, auf und ab und wieder auf und wieder ab. Äther ist das Leben und das Leben ist die Liebe und die Liebe ist der Äther.

Der Äther ist eine einzige, endlose Geschichte. Ich könnte euch Dinge erzählen, da würden euch die Haare zu Berge stehen und die Herzen weit werden. Aber deshalb bin ich nicht gekommen.

Nun denn, ich will euch gerne etwas mehr über unser Tun berichten. Wie wir Ätherwesen denken, fühlen und handeln. Obwohl, einiges konntet ihr schon dem zuvor Gesagten entnehmen.

Bei uns ist alles etwas anders als bei den Naturwesen, und doch sind wir alle eins. Am einfachsten ist es, sich vorzustellen, dass wir in einer Art Demokratie leben. Wir, die Ätherwesen, bilden einen Rat oder „oberste“ Stelle, von welcher wir Entscheidungen treffen. Jedes Lebewesen aber besitzt das Recht, Nein zu sagen oder sich anders zu entscheiden. Niemand muss dem Weg folgen, den das Leben geht. Die Konsequenzen und die Verantwortung daraus aber muss jeder selbst tragen.

Wir Ätherwesen sind also hier, um Dinge zu regeln, Aufgaben zu verteilen und zu überwachen. Wir sind hier, um dafür zu sorgen, dass die Waage im Gleichgewicht bleibt, und sie gegebenenfalls wieder in Balance zu bringen. Mir ist bewusst, dass dies alles etwas vage klingt, doch so ist es. Für handfeste Dinge sind die Naturwesen zuständig. Sie helfen den Pflanzen beim Wachsen, schützen sie vor Einflüssen und sind ihnen gute Freunde. Ebenso stehen sie in ständigem Kontakt zu euch Menschen. Wir hingegen können nur mit euch kommunizieren, wenn ihr euch im Ganzen erkennt. Und dafür müsst ihr erst lernen, euch selbst zu vertrauen.

Ätherwesen sehen das Leben nicht so wie ihr oder die Naturwesen. Bei uns ist alles eine ‚Nummer größer', wie ihr sagen würdet. Nicht, weil wir uns für etwas Besseres halten, sondern weil unsere Aufgabe eine andere ist.

Wenn ein Planet unter seinen Bewohnern leidet und durch deren Hände ernsthafte Schäden nehmen kann, schreiten wir ein. Wir sprechen und verhandeln mit den Bewohnern, tauschen uns mit dem Planeten aus (in eurem Fall wäre dies Gaia, die Mutter Erde) und suchen nach einer gemeinsamen Lösung. Zeigen sich die Bewohner aber uneinsichtig und fahren fort wie zuvor, werden die Karten neu gemischt. Dann helfen wir dem Planeten, sich von seinen Bewohnern zu befreien. Dies klingt etwas radikal, aber es ist immer ein langwieriger Prozess. Uns Ätherwesen widerstrebt es sehr, Leben zu zerstören, und die schwierigste Hürde ist stets unser Gewissen. Dennoch, wenn es dem Wohl einer größeren Gemeinschaft dient, muss so gehandelt werden.

Dies ist also eine unserer Hauptbeschäftigungen. Das Abwägen und dann das Entscheiden. Danach folgt der Umgang mit den daraus resultierenden Konsequenzen – ganz gleich ob sie positiv oder negativ ausgefallen sind.

In der Ätherwelt gibt es viele Ebenen, Strukturen und Wege. Ein jeder Pfad ist der richtige und ein jeder führt ans Ziel – irgendwann. Ich habe euch erklärt, dass jedes Wesen aus dem Äther stammt. Aber das macht sie noch nicht alle zu Ätherwesen, wie ich es bin. Ein Ätherwesen ist so alt wie das Leben selbst, denn wir wurden als Erste geboren. Wir haben die Planeten geformt, die Galaxien, und daraus das Leben. Wir können gar nichts anderes sein als das, was wir sind. Seelen hingegen, wie ihr Menschen, Tiere und Pflanzen es seid, können in ihrer Entwicklung wandern. Sie sind dafür erschaffen worden, neue Gebiete zu erkunden, neue Wege zu beschreiten und über sich selbst hinauszuwachsen. Uns bleibt dies in solch hohem Maße, wie Seelen es können, verwehrt. Ich gebe zu, manchmal würde ich gerne mit euch tauschen können, und dann wieder nicht. Es ist nicht immer einfach, so vieles zu wissen, zu sehen, zu hören und zu fühlen. Die Verantwortung liegt schwer auf unseren Schultern und doch könnte ich mir nicht vorstellen, jemand anderes zu sein.

Ätherwesen lieben das Neue, das Abenteuer und folgen ihrem Wissensdurst. Wir beobachten das Leben, hören zu und wenn es die Umstände verlangen, greifen wir ein. Dann aber ist es an euch zuzuhören.

Es fällt mir schwer, unsere Ansichten in Worte zu fassen. Nun lebe ich schon so lange und stocke beim Gebrauch der Sprache immer noch. Aber es kann auch schön sein, seine eigenen, kleinen Schwächen zu haben. Es lässt einen die Stärken schätzen!

Wie zu Beginn erwähnt, ist es äußerst schwierig, uns Charakterzüge zuordnen zu wollen. Unsere vielen Erfahrungen und ‚Einsatzgebiete‘ haben jeden von uns auf andere Weise geprägt. Wir sind nicht wie die Naturwesen an ein Element gebunden und zeigen deshalb auch keine typischen Merkmale des Äthers auf. Schließlich durchdringt der Äther alles. Folglich können wir so sein, wie es uns gerade gefällt oder wie es unsere momentane Aufgabe verlangt. Einige von uns sind richtige ‚Klatschbasen', während andere so gut wie nie sprechen. Etliche eilen von einem Abenteuer ins nächste und wieder andere beobachten die meiste Zeit über. Manche mögen die Menschen und manche sind sich nicht sicher, was sie von euch halten sollen. Es gibt wahrlich einige sehr schräge und spezielle Wesen in unseren Reihen, aber es ist wichtig, dass es sie gibt. Denn wie bereits gesagt, im Äther ist von allem etwas zu finden.

Auch wir haben unsere Freundeskreise, ähnlich den euren. Ebenso kennen wir eine Familie und das Verliebtsein. Nur eben ein klein wenig anders. Raum und Zeit haben keinen Einfluss auf uns, denn wir können sie nach unserem Willen formen und verändern. Diese Fähigkeit ist notwendig für unsere Aufgaben, sie kann einem aber auch Wahnvorstellungen bescheren. Hin und wieder verliert sich ein Ätherwesen im Wahn und manchmal findet eines wieder hinaus. Wir bemitleiden die Besessenen, aber es geht ihnen ja gut. Aus ihrer Sicht sind wir die zu Bedauernden. Eine lustige Welt, denn ein jeder fühlt sich im Recht und folgt seinem Herzen. Was wiederum dazu führt, dass beide Seiten einem guten Weg folgen und sich der Kreis wieder schließen kann.

Mit den Naturwesen befinden wir uns in ständigem Austausch – bewusst und unbewusst zugleich. Am meisten allerdings mit den Luftwesen der Mitte, da diese dem Universum am nächsten sind. Und dann gibt es natürlich noch die Engel, welche unsere Worte auf die Erde hinabtragen. Es ist schon seltsam, dass deren Existenz viel eher akzeptiert wird als jene der Naturwesen. Eigentlich müssten euch die Naturwesen viel näherstehen. Aber vielleicht ist es einfacher, an etwas zu glauben, was nicht tagtäglich vor eurer Nase lebt und atmet. Ich weiß es nicht, ich bin kein Mensch.

An dieser Stelle muss ich kurz erwähnen, dass wir Ätherwesen im All ‚zu Hause' sind. Selbstverständlich können wir auf jedem Planeten und in jedem Element wohnen, aber uns zieht es bald wieder weiter. Der Äther umschließt alles Leben und so auch uns.

Aber ich mag die Erde. Ich mag ihren Duft, unverkennbar, süß und frisch. Ich komme immer gerne hierher, in die grünen Wälder und braunen Steppen, in die blauen Meere und einst klaren Flüsse. Mich schmerzt, wie mit der Erde umgegangen wird, denn es ist eine besondere Welt.

Die Naturwesen sind unsere Kinder. Sie wurden geboren, um die Erde zu schützen, ihr beizustehen, ihr beim Gedeihen zu helfen. Wir haben sie erschaffen, mit Gaias Hilfe. Ihr seht, alles fließt wieder zusammen. Der Kreis schließt sich, wie ihr sagen würdet. Wir sehen dies alles spiralförmig – ohne Anfang und ohne Ende.

Die Äther- und Naturwesen denken spiralförmig, nicht viereckig oder quadratisch wie die meisten Menschen. Wir kämen nie auf die Idee, unsere Dinge in Ecken zu packen, so wie ihr es tut: Häuser, Betten, Tische, Blätter, Bücher, Maschinen, Systeme, ja sogar euer Leben. So vieles ist im Quadrat, im Rechteck mit seinen Kanten, im Fluss gebremst. Im Äther ist alles rund und fließend: die Planeten und ihre Monde, die Energiewellen, die Sonnenstrahlen, die Klänge, die Energien, das Denken. Alles reicht sich die Hand, denn im Kreis sind alle gleich. Jeder einzelne Wassertropfen ist nötig, um Regen fallen zu lassen, und erst durch den Zusammenschluss der kleinen Tropfen kann ein Gewässer entstehen. Und, nebenbei, auch die Wassertropfen sind kantenfrei.

Es gibt viele Dinge, die ich nicht verstehe, die kein Ätherwesen erfassen kann, und ich glaube, nur das Leben selbst ist sich allem bewusst. Eines aber ist klar: alles Leben entstammt der gleichen Quelle. Ihr habt dieser Quelle viele Namen gegeben: Gott, Allah, Odin, Brahman, Ptah – nur um einige neue und alte zu nennen. Wir hingegen haben keine Bezeichnung für die Schöpfung, denn in uns allen lebt das Leben, uns allen wohnt ein göttlicher Funke inne, und wir alle sind Kinder des Universums.

Dies ist uns Antwort genug. Ich kann nicht verstehen, dass ihr Menschen immer nach einem „Gott" sucht. Dass ihr in Tempel gehen müsst, um ihm nahe zu sein. Ihr seid doch ein Teil des Ganzen. Wieso braucht ihr jemanden, der euch sagt, wie ihr handeln sollt? Richtet euch lieber nach den kosmischen Gesetzen, die zum Schutz ALLEN Lebens bestehen.

Ja, auch das Universum hat Richtlinien. Es sind dieser nicht viele und ich will sie euch hier auch nicht aufzählen. Ihr alle kennt sie, denn tief in euch drinnen wisst ihr genau, wie sie lauten. Es ist an euch, sie euch wieder in Erinnerung zu rufen, und es ist auch eure Entscheidung, ob ihr das überhaupt wollt. Eines aber ist sicher. Die kosmischen Gesetze lassen viel Spielraum. Sie können auf die unterschiedlichsten Weisen ausgelegt werden, aber letztendlich seid ihr nur euch selbst Rechenschaft schuldig. Und das ist nicht immer einfach, glaubt mir. Von anderen Wesen und Menschen könnt ihr euch abwenden, aber von euch selbst ... Lasst es mich so sagen, ihr müsst in erster Linie mit euch selbst leben können und nicht die anderen mit euch. Oder kennt ihr jemanden, dem es gelungen ist, vor sich selbst zu fliehen?

Ihr seht, meine Gedanken sind ebenso flüchtig wie der Äther selbst. Am liebsten berichte ich von allem etwas. Es kommt mir seltsam vor, wenn ich nur von einem Thema rede. Auch jetzt könnten wir noch Unmengen an Büchern füllen. Aber, alles hat seine Zeit, seine Richtigkeit, und für dieses Mal sei es genug.

Meine Absicht war, euch meine Lebenseinstellung näherzubringen. Euch zu zeigen, dass wir uns sehr wohl Gedanken über viele Dinge machen und dass auch wir Werte haben, kennen und leben. Wir sind uns gar nicht so unähnlich – ihr Menschen und wir Ätherwesen. Es würde mich freuen, einigen von euch wieder zu begegnen, wenn ihr euch auf die Reise in euer Innerstes begebt. Ich weiß, dass ihr den Mut dazu besitzt, denn sonst würdet ihr dieses Buch nicht in Händen halten."

ZWEI AUSSERGEWÖHNLICHE FREUNDE

Lassen wir einmal die vier, respektive fünf Elemente hinter uns und wenden uns noch zwei besonderen Wesen zu. Es sind gute Freunde von mir und beides Urgesteine im Reich der Naturwesen. Von dem einen haben wir schon gehört. Der andere stellt sich gleich vor. Diese beiden sind vielseitig, denn man kann sie nicht nur einem Element zuordnen. Sie sind Erde, Luft, Wasser und Feuer in einem – obwohl beide sich wohl am stärksten zur Erde hingezogen fühlen. Mit Erde ist Gaia, Mutter Erde selbst gemeint.

Begonnen hat es mit DuDuon, dem Wanderriesen. Er hatte von dem Projekt „Buch mit den Naturwesen" gehört und beschlossen, darin mitzuwirken. Nun kann man ein Wesen, wie DuDuon es ist, nicht nach nur einem Kapitel wieder entlassen. Der Wanderriese weiß über jedes Kraut, jeden Stein, jedes Körnchen auf der Erde etwas zu erzählen. Folglich wird sein Beitrag ein wenig länger.

Wenn also DuDuon seinen eigenen Beitrag bekam, so musste dies auch Pan zugestanden werden, schließlich ist er eines der „höchsten" Naturwesen. Pan kommt und geht, wie es ihm beliebt, und wenn er schon einmal hier ist, sollte man ihm Gehör schenken.

Dass DuDuon und Pan eine tiefe Freundschaft verbindet und beide schon jede Veränderung auf Mutter Erde miterlebt haben, macht sie zu Koryphäen auf allen Gebieten rund um unseren Planeten. Wenn ich nun sage, dass diese beiden Wesen alt sind, dann meine ich uralt. Sie waren schon hier, als Mutter Erde geboren wurde. Sie waren dabei, als die ersten „Menschen“ auf die Welt kamen. Zeit ist für sie ein relativer Begriff. Sprechen sie von „früher“ oder „einst“, so kann dies in unserer Zeitrechnung gerne einige tausend Jahre zurückliegen. Erzählen DuDuon oder Pan von den frühen Menschen, so sind damit meist vergangene Kulturen gemeint. Völker und Gebräuche, über die Jahre zu Mythologien geworden, sind für diese beiden Wesen frische Erinnerungen. Es sind die Zeiten, in denen die Naturwesen noch ein fester Bestandteil im Leben der Menschen waren.

DuDuon, der Wanderriese, erzählt

Wir saßen im Kreis und wollten mit unserer Meditation beginnen, als mir auf einmal ein sonderbarer Geselle auffiel. Er saß mit übereinandergeschlagenen Beinen unter dem Fenster auf einem Holzschemel und sah mich an. Der Blick des Wesens war klar und durchdringend. Ich war sogleich fasziniert, denn ich konnte fühlen, dass es sich hier um eine schillernde Persönlichkeit bei den Naturwesen handelte.

Die Augen schienen manchmal fast schwarz, dann wieder nussbraun zu sein. Von Moosen und Pflanzen durchwachsene Haare fielen bis auf eine holzig aussehende Brust. Da erst fiel mir die Größe des Wesens auf. Obwohl es saß, war es größer als ich.

Ich schloss die Augen und begrüßte den Gast freundlich. Er stellte sich als Wanderriese namens DuDuon vor und sagte, dass er gerne mit mir arbeiten würde. Sogleich fiel mir auf, dass er in vielen Bereichen ganz anders war als die Naturwesen, mit denen ich sonst Kontakt habe. Seine Ausdrucksweise war uns Menschen näher und ferner zugleich. So benutzte er viel mehr Worte, um sich mitzuteilen, und weniger Bilder. Dies war für mich anfangs etwas befremdlich, aber zum Niederschreiben natürlich von Vorteil.

Zwei Tage später machte ich mich mit einem Notizbuch und etwas Proviant auf den Weg in den Wald. Etwas abseits des Weges fand ich eine schöne Buche und beschloss hier zu bleiben. Ich begrüßte den Baum und machte es mir an seinem Stamm gemütlich.

Kaum hatte ich Stift und Papier gezückt, saß DuDuon mir schon gegenüber. Ob wir gleich loslegen könnten, meinte er. Natürlich, beruhigte ich ihn, und da begann er zu erzählen. Sehr deutlich und direkt war seine Sprache und doch schweifte er immer wieder ab. Es gab viele Pausen während unserer Treffen. Pausen, in denen wir dem Gesang der Vögel lauschten, den Lauf der Sonnenstrahlen verfolgten und unsere Gedanken vom Wind tragen ließen. Ich kann es nicht anders beschreiben, als dass mein Herz in seiner Nähe weit und friedlich wurde.

Jedes Mal, wenn wir uns trafen, sprach DuDuon über ein bestimmtes Thema. Es war mehr eine Art einseitig geführter Dialog, meinte er doch, ich solle immer gleich alles niederschreiben – so behalte es stets seinen Ursprung. Hinzu kam noch DuDuons erste und einzige Regel für unsere gemeinsame Arbeit: getroffen wird sich nur unter freiem Himmel. „Ich muss den Wind fühlen können, um zu erzählen, und du musst den Wind fühlen können, um zuzuhören.“

DuDuon:

„Über Stock und Stein, durch grüne Täler und blaue Meere, über hohe Berge und durch den pulsierenden Leib der großen Mutter – ich habe alles durchwandert.

Raum, Zeit, Alter – sie haben keine Bedeutung für mich. Ich bin und ich lebe.

Erst wollte ich euch erklären, wie alt ich eigentlich bin. Dann ist mir aber bewusst geworden – ich weiß es gar nicht.

Hörst du die Vögel ...? Das Rauschen des Windes ...?

Wir sitzen im Wald. Du hast eine schöne Stelle ausgesucht, einen guten Baum, um dich anzulehnen. Hast du dich bedankt dafür? Gut, dann können wir weitermachen.

Ich erzähle gerne im Wald. Der Himmel ist blau und noch dringen die Sonnenstrahlen auf den Grund. Die Bäume haben noch nicht begonnen neu auszutreiben. Auch das mag ich. Wenn der Boden noch voll vom Laub des vergangenen Zyklus ist.

Die Menschen wollen immer eine saubere Verschmelzung vom Alten zum Neuen. Dabei seht euch doch um – wenn der Schnee fort ist, kommt das Alte hervor und wird im Boden aufgenommen. Humus, natürlicher Bodendünger, daraus können neue Pflanzen wachsen. Das ist sie, eure sogenannte perfekte Verschmelzung. Mutter Natur ist euch stets einen Schritt voraus.

Eine Grille, kannst du sie hören? Nun weiß ich, der Frühling ist auf dem Weg. Da – hörst du sie wieder? Schön, nicht? ...

Vielleicht sollte ich euch noch sagen, wer ich eigentlich bin. Das zu erklären, in euren Worten, ist gar nicht so einfach. Du hilfst mir doch? Natürlich tust du das, sonst wärst du gar nicht erst hier. Danke.

Nun denn, mein Name ist DuDuon, und ich bin ein Riese. Meine liebe Freundin vergleicht mich vom Aussehen her gerne mit den Ents. Wie hieß nochmals dieses Buch? Herr der Ringe. Die Ents also. Ja, das passt nicht schlecht, nur dass ich nicht ganz so baumähnlich aussehe. Etwas steiniger noch.

Aber mein Aussehen ist hier nicht das Wichtigste. Jeder Mensch sieht uns sowieso etwas anders.

Schön, wie die Vögel singen. Alle munter durcheinander und doch stört kein Lied das andere ...

Du hast recht, ich schweife ab. Verzeiht mir, das ist eine Angewohnheit von mir. Aber ich mag mich so.

Ein Riese also. Ich werde mich nun nicht damit aufhalten, das typische Bild eines Riesen zu erläutern. Unsereins ist sich auch untereinander nicht ganz einig, wie wir uns beschreiben sollen. In euren Büchern und Märchen habt ihr uns nicht schlecht getroffen, wenn auch meist etwas zu gruselig und zu grobschlächtig, als wir eigentlich sind.

Da wir also auch untereinander nicht einer Meinung sind, erzähle ich euch von mir. Ich bin ein sogenannter Wanderriese. Meine Aufgabe ist das Herumstreunen. Ich wandere um und durch die Welt, bereise jeden Winkel, durchstöbere die tiefsten und höchsten Punkte. Natürlich bin ich auch groß, wie alle Riesen, aber wenn ihr uns genau betrachtet, werdet ihr feststellen, dass Wanderriesen um einiges kleiner als in euren Vorstellungen sind.

Ist es unbequem? Ich weiß, du bist es noch nicht gewohnt, so lange auf einem unebenen Boden zu sitzen. Wir hätten weiter hoch klettern können, aber ich verstehe, wieso du an diesem Ort bleiben wolltest. Autolärm im Wald schreckt dich ab. Mir geht es genauso ...

Die Frage bleibt nun, wieso wandere ich? Und was soll dabei die Aufgabe sein? Ich will es euch sagen. Alles, was ich sehe und erlebe, trage ich in mir herum. Es ist ein Teil von mir geworden, und ich bin so etwas wie eine wandelnde Bibliothek. Ihr könntet mich auch als Internet ansehen, wenn das zu eurem Verständnis beiträgt. Allerdings bevorzuge ich das Wort Bibliothek.

Ich bin ein Hüter des Wissens, die Vereinigung von Vergangenheit und Gegenwart. Alles, was je geschah, hier auf oder unter Erden, weiß ich. Manchmal muss ich etwas länger nachdenken, bis es mir wieder vor Augen erscheint, aber es ist alles da.

Es gibt nicht mehr viele von uns Wanderriesen. Die meisten sind verschwunden. Sie konnten die Last des Wissens ob all der Zerstörung nicht mehr ertragen. Auch wenn wir groß und mächtig erscheinen mögen, so lieben wir doch nichts mehr als unsere gütige Mutter. Das Leid, welches ihr zugefügt wird, fühlen auch wir ...

Früher, da zogen wir manchmal zu zweit oder dritt durch die Lande. Unterwegs hielten wir in vielen Dörfern und erzählten Geschichten aus der Vergangenheit. Stets waren wir gern gesehene Gäste. Die

Welt war unser Zuhause und der Sternenhimmel unser Dach.

Die Menschen haben uns geliebt und vor allem die Kinder sogen unsere Erzählungen auf wie Schwämme.

Früher, da nahmen wir noch oft eine physische Gestalt an, machten uns kleiner und menschlicher. Heute mag ich das nicht mehr tun. Ich bin es müde, Beweise erbringen zu müssen, damit an uns geglaubt wird.

Lassen wir dies nun ruhen. Manche Dinge sollte man nicht zu oft erzählen – es reißt alte Wunden im Herzen auf.

Ihr seht, es ist nicht einfach zu erklären, wer ich bin. Ich bin so vieles auf einmal; all das Wissen, die Vergangenheit, Erinnerungen und doch bin ich am Ende nur ich selbst – DuDuon.

Ich denke, für heute habe ich genug gesagt. Meine Füße kitzeln mich und mein Herz möchte weiter. Zum Glück gibt es immer noch so viele schöne und unberührte Orte, die es zu erforschen gilt. Wir sprechen ein anderes Mal weiter.

So verabschiede ich mich mit einem alten Wanderriesengruß: Gut Fuß und groß Herz – HejHo."

HIMMEL IM KOPF

Der sanftmütige DuDuon sprach gerne unter freiem Himmel, sei es im Wald, auf einem Baum, inmitten einer Blumenwiese ... Ich durfte frei wählen, solange es in der Natur war. Für unser nächstes Gespräch kletterte ich in unser kleines Baumhäuschen im Garten. Wenn ich kleines Häuschen sage, dann meine ich ein Baumhaus, welches für Kinder die perfekte Größe hat. Bis ich oben auf dem winzigen Balkon angelangt war, musste ich einiges an Akrobatik anwenden. Dennoch nehme ich dies immer wieder gerne auf mich. Es ist schon faszinierend, wie anders man sich fühlt, wenn man einige Meter über dem Boden thront.

DuDuon kam, ich konnte es gleich fühlen. Es war wie ein Prickeln auf der Haut, gefolgt von seinem erdigfeuchten Geruch und dem Wissen von Jahrtausenden. Für einen kaum spürbaren Augenblick schwiegen Tiere und Pflanzen, als würden sie dem Riesen ihren Respekt zollen und ihn begrüßen.

Der Wanderriese war sogleich begeistert von meiner Wahl. Passend zum heutigen Thema hätten wir es luftig und leicht, meinte er zwinkernd.

DuDuon:

„Einfach sein, hoch über dem Boden. Die Arme des Baumes halten einen sicher. Hegst du Achtung und Liebe für sie, so lassen sie dich nie fallen.

Herrlich, dieser Ort. Du hast recht, es ist sehr beruhigend hier. Sogar der Autolärm der fernen Straße rückt in den Hintergrund. Ich kann die Vögel hören und dem Wind, der unsere Wangen kitzelt, lauschen.

Wir sitzen auf der Höhe von Vogelnestern und auch wenn der Boden nicht fern ist, so ist es dennoch ein berauschendes Gefühl. Ich kann es dir ansehen. Deine Augen strahlen und dein Gesicht lächelt – man fühlt sich der Welt entrückt und zugleich tiefer verbunden, auf eine neue Art. Es ist friedlich, hier oben in der Baumkrone. Dieses Baumhäuschen gefällt mir.

Elstern haben einen lustigen Singsang – es klingt eher wie ein Meckern. Aber ich mag es. Wusstest du, dass Elstern für Liebe und Reichtum stehen? Ahh und natürlich die Krähen – hörst du ihr Krächzen. Wo Elstern sind, sind auch die Krähen nie weit. Aber über die Aufgaben der Krähen kommen wir ein anderes Mal zu sprechen. Dies ist nicht so einfach erklärt ...

Heute will ich über den Himmel sprechen.

Kannst du sie alle sehen? Der Wind umspielt uns gerade ausgiebig und all die Luftgeister treiben ihn noch mehr an. Sie wissen, was ich nun erzählen möchte, denn es gehört in ihre Domäne.

Der Himmel – was ist das? Natürlich, jener über unseren Köpfen. Ich aber möchte über den Himmel **in** euren Köpfen sprechen.

Die Sonne lacht auch heute wieder wundervoll. Ihre warmen Strahlen wecken Feld und Wald. Und all die vielen, kleinen Blümchen. Wie nennt ihr die einen? Schneeglöckchen – ein passender Name.

Hast du es noch warm? Der Wind ist gar kühl und die Luftgeister sind heute in einer ausgelassenen Stimmung. Man kann es fühlen, wenn uns der Wind wild umweht, aus allen Richtungen zugleich, dann treiben sie ihre Späßchen. Du hast recht, lassen wir dies.

Ihr seid ein Teil des Lebens, ein Teil des Universums und ein Teil von Mutter Erde. Es ist schade, dass ihr so viele Religionen habt, und praktisch alle predigen von einem Himmel oder Paradies nach dem Tode. Dabei seid ihr selbst euer eigener Himmel. Ihr habt es in der Hand – euer eigenes Glück und eure tiefe Zufriedenheit. So viele Regeln und Gebote wurden diesbezüglich aufgestellt.

Oh weh, was ist bloß aus der Welt der Menschen geworden? Ihr, die einst ebenfalls über Raum und Zeit gebieten konntet ...

Sieh nur, der schöne Efeu. Eine zutiefst missverstandene Pflanze. Du hast eine schöne Geschichte von uns über ihn geschrieben; den Lebensträger, den Liebenden.

Der Himmel, der Himmel ... Jeder kann ihn sich selbst erschaffen. Wer sich selbst kennenlernt, seine Verbundenheit zu allem erkennt und akzeptiert, wird ihn finden. Liebe Freundin, du weißt, wovon ich spreche ... Dieses Gefühl in deiner Brust, dieses Vertrauen und diese Liebe. Hast du es einmal gefunden, wirst du es nie wieder verlieren können oder wollen.

Heutzutage muss immer alles erklärt und bewiesen werden. Sagt mir, wie kann man etwas fassen, was keine Form hat? Wie etwas beweisen, das es schon immer gab und immer geben wird? Nein, darum bemühen wir uns nicht mehr. Leute wie du, liebe Freundin, müssen dies nun tun. Für uns, für euch und für die gütige Mutter.

Der kleine Vogel da hinten ist hartnäckig. Er ruft und ruft die ganze Zeit ...

Wir haben eine Aussage: Es gibt keinen Himmel und keine Hölle auf oder unter Erden, außer im menschlichen Geist.

Ihr könnt euch nur selbst knechten und auch nur selbst wieder befreien!

Ich würde euch allen diese Dinge gerne etwas genauer erklären, aber das geht nicht. So, wie jeder Mensch, jedes Wesen, anders ist, so sieht und erlebt jeder den Himmel im Kopf auf seine eigene Weise. Müsste ich aber diesen ‚Himmel' beschreiben, so bräuchte ich dafür spontan drei Wörter: Zufriedenheit, Selbsterkenntnis und Freude.

Vielleicht klingt dies nun nicht gerade nach großen und erstrebenswerten Zielen. Aber wie kannst du das beurteilen, wenn du es nicht selbst gefunden hast?

Ja, ich musste auch gerade an diesen Spruch von Chief Seattle denken. Eine wahre Aussage von einem weisen Mann: ‚Erst wenn der letzte Baum gerodet, der letzte Fluss vergiftet, der letzte Fisch gefangen ist, werdet ihr feststellen, dass man Geld nicht essen kann.'

In diesen Aufzeichnungen geht es nicht darum, euch zu belehren oder aufzuzeigen, was ihr falsch macht. Nein, ich will euch zum Nachdenken bringen – über euch selbst, die Welt und das Leben. Manchmal auch über Dinge, die ihr schon längst wisst, aber die noch nicht aus der Sicht der Naturwesen erzählt worden sind. Um das große Ganze sehen zu können, müssen so viele Facetten wie möglich beachtet werden. Und nur weil man nicht über den Horizont sehen kann, heißt das nicht, dass es dort endet. Früher, da habt ihr noch geglaubt, die Erde sei eine Scheibe.

Du kannst es sehen, nicht wahr, liebe Freundin. Das Grün ist kräftiger und die Welt bunter geworden, seit du bewusst mit uns arbeitest. Dinge ändern sich nicht von heute auf morgen. Es braucht Zeit, bis ein Samenkorn wächst. Wir alle sind ein Teil dieses Prozesses. Das Leben will gelebt werden – und nicht durchrannt.

Setzt euch hin und lasst die Sonne euren Geist erwärmen. Lasst eure Sorgen mit den Wolken ziehen, lehnt euch zurück und beobachtet. Um zu verstehen, müsst ihr erst beobachten, sehen, erkennen, fühlen. Atmet die Luft und das Leben ein, tief in eure Lungen.

Nun denn, für heute habe ich genug. Es zieht mich schon wieder weiter. Ein Wanderriese bleibt nie lange an einem Ort. Die Welt ruft uns beständig, und wir folgen ihrem Ruf.

Da – der Wind frischt sogleich auf. Die Luftgeister tragen nun unser Gespräch, unsere Gedanken, weiter – zu Ohren, die hören wollen. Alles ist in ständiger Bewegung, nicht einmal ein Stein ist davon ausgenommen. In diesem Sinne; gut Fuß und groß Herz und bis zum nächsten Mal – HejHo."

Die Gespräche mit DuDuon lassen mich immer nachdenklich, aber auch zufrieden zurück. Und im selben Atemzug machen mir seine Besuche die Verantwortung, welche wir uns und der Welt gegenüber haben, noch deutlicher bewusst. Es ist eine schöne Last, könnte man sagen, denn sie geht, wie so vieles, Hand in Hand mit Wissen und Liebe.

Reise zu Mutter Erde

Es ging tief hinab in den kühlen, dunklen Leib von Mutter Erde. Tiefer und tiefer gelangten wir. Die Luft war feucht und klamm, es wurde kälter und dennoch konnte ich es mehr erahnen als fühlen. DuDuon hatte recht, an solche Orte muss man des Nachts gehen, während des Verweilens in Träumen.

Ich würde mich am nächsten Morgen an alles erinnern, denn ich sei schließlich nicht nur für mich selbst hier, hatte der Wanderriese gemeint. So also folgte ich ihm durch steile Gänge und Tunnel, bis wir auf einmal in einer gewaltigen, unterirdischen Höhle ankamen. Ehrfurcht packte mich beim Anblick dieses Wunders. Stalaktiten hingen von der Decke, manche küssten gar die Stalakmiten, welche dem Boden entwuchsen. Überall war das leise Tropfen des Wassers zu hören. Obwohl wir tief unter der Oberfläche waren, war es nicht finster. Eine Art Dämmerlicht schien von irgendwoher zu kommen. Ich vermutete, das lag an all den unzähligen Kristallen und den wunderschönen Edelsteinen. Aber DuDuon schritt schon kräftig aus zur Mitte der Höhle. Bei seiner Größe musste ich mich sputen, nicht zu weit zurückzufallen. Ihr wisst ja, ein Riese schreitet anders voran.

Dort setzten wir uns auf die augenscheinlich einzigen trockenen Steine. Lange Zeit saßen wir schweigend da, ließen die Umgebung auf uns wirken, ehe der Wanderriese sich mir zuwandte.

Es sei wichtig, dass ich ihn nicht unterbreche, sondern einfach nur zuhöre. So nickte ich, machte es mir gemütlich und DuDuon begann mit seiner tiefen Stimme zu sprechen:

„Kannst du den Wind hören? Er pfeift und saust durch Ritzen und Löcher, umschmeichelt Steine und belebt leere Gänge, die niemand kennt. Wir hinterfragen nie, wie der Wind seinen Weg hier hinunter findet. Wir sind dankbar, dass er es tut. Ihr Menschen müsst solche Dinge immer nachweisen. Wozu? Wenn man den Dingen nicht dafür dankt, was sie tun, verschwinden sie eincs Tages. Nichts und niemand möchte ohne Aufmerksamkeit und Wertschätzung leben – ihr am wenigsten. Eigentlich solltet ihr euch jeden Tag aufs Neue bedanken; für die Luft, die ihr atmet. Das Wasser, welches euch nährt. Das Feuer, das euch wärmt. Die Erde, unsere Mutter, die uns alle trägt, und am Schluss euch selbst und dem Spirit in euch. Dies sollte für euch so selbstverständlich sein wie atmen. Früher, da war es so für alle – heute nicht mehr.

Jetzt wollen wir über die Erde sprechen; als Mutter, als Wesen, als Element und als Heimat. Es wird zu wenig über sie berichtet und wenn, dann ist von den Verschmutzungen an ihr die Rede. Aber dieses betrübliche Thema wollen wir nach Kräften meiden. Es liegt mir nicht besonders.

Ich habe dich mit Absicht in deinem Schlaf hierher geführt; in einem Traum hat alles nochmals eine größere Bedeutung.

Ahh, jetzt muss ich doch kurz abschweifen. Träume – sie sind so wichtig. Nicht nur die Träume, welche ihr im Schlaf habt, sondern auch eure Wunschträume, eure Lebensträume.

Des Nachts im Schlaf kommen die Träume, um euch aus Schwierigkeiten zu helfen, Wege und Möglichkeiten aufzuzeigen, aber auch als Lehrstunden – so wie der jetzige Traum eine Lehrreise für dich ist, liebe Freundin.

Aber auch die Tagesträume sind von elementarer Bedeutung. Sie sind Wegweiser, Raststätten im Leben, um auf das nächste Ziel hinzuarbeiten. Träume sind Antrieb und Lebensinhalt. Träume sind eine Reise in dein tiefstes Inneres; zu deiner Seele und zu deinen wahrhaftig ureigenen Wünschen.

Auch Mutter Erde hat Träume ... Aber davon werde ich euch nicht erzählen, denn es sind ihre Träume. Träume gehören immer den jeweiligen Personen und Wesen. Natürlich gibt es gemeinsame Träume und Ziele, da aber jede Seele anders ist, sind auch die gleichen Vorstellungen stets etwas Eigenes ...

Schau dich hier um", meinte DuDuon und mit einem Schwenker seines langen Armes schien er die ganze Gesteinshalle zu umfassen.

Ich folgte seiner Geste, verlor mich im Anblick dieser kargen und scheinbar lebensunwirtlichen Gegend. Trotzdem fühlte ich mich hier berauscht und lebendig. Es war, als könnte man den Atem der Erde hören, wie sie langsam tief ein- und ausatmet. Und ich wusste, hier bin ich sicher. Es ist mehr ein Wissen, ein Vertrauen in meiner Brust – Gefühle, die zu beschreiben mir die Worte fehlen.

„Es ist kalt hier unten", fuhr der Wanderriese nach einer langen Pause fort. „Tief unter der Erde sind wir, in einem gigantischen Hohlraum. Hierher komme ich gerne. Wenn es einen Ort gibt, an dem ich tiefe Ruhe finde, dann ist es hier. Dies ist unsere heilige Halle und es ist Außenstehenden nur erlaubt, sie mit einem Wanderriesen oder einer Wanderriesin zu betreten. Wie du siehst, haben wir hier nie auch nur ein

Steinchen bewegt. Alles ist stets so, wie es ist. Hierher kommen wir zur Erholung und um miteinander zu philosophieren. Früher, da habe ich immer mehrere meiner geschätzten Freunde hier angetroffen. Nun vergehen manchmal Zyklen, ehe wir uns wieder treffen ..."

Wenn Wanderriesen weinen können, dann sehen sie sicherlich so aus, wie DuDuon in jenem Augenblick ausgesehen hatte. Die Augen wirkten wässerig und eingesunken, die Schultern waren gebeugt und eine Traurigkeit umschwebte meinen sonst so munteren Freund.

„Mutter Erde – wo soll ich bei ihr beginnen ...?

Ich habe mir, wie ihr Menschen so schön sagt, den Kopf darüber zerbrochen, wie ich sie euch beschreiben soll. Liebe Freundin, du weißt, dass es fast ein Ding der Unmöglichkeit ist. Aber es ist wichtig.

So habe ich entschieden euch zu sagen, wie ich, DuDuon, sie sehe, fühle und erlebe. Es ist wichtig, dass auch ihr Menschen lernt, dass man eigentlich alle Dinge nur aus seiner eigenen Sichtweise erklären und beschreiben kann. Wir sind alle eigenständige Individuen in einem großen Geflecht. Alle gemeinsam halten wir es aufrecht und so hat auch jeder das Recht, seine eigene Meinung zu haben ..."

Als DuDuon nun weitersprach, wurden seine dunklen Augen glasig, schienen in der Ferne verloren und eine tiefe Zuneigung spiegelte sich auf seinem Gesicht wider. Er liebt Mutter Erde über alles, so sehr, dass mir ein Schauer den Rücken hinablief. Aber er liebt auch sich selbst, denn es wird ja gesagt, nur wenn du dich selbst liebst, kannst du andere lieben und wirst zurückgeliebt. Und ich fragte mich nicht zum ersten

Mal, ist es nicht dies, was wir uns alle wünschen? Jemanden oder etwas so sehr lieben zu können, dass es schmerzt. Ein Wesen zu haben, für das wir kämpfen und sogar sterben würden. Ein Wesen, welches uns mit derselben Inbrunst zurückliebt. Ich denke, auch wenn viele Menschen sich dies nicht eingestehen können, so ist es genau das, was wir herbeisehnen.

Als der Wanderriese fortfuhr, war seine Stimme mehr ein andächtiges Flüstern. Der Wind wisperte um uns herum, das Wasser tropfte beständig und ich glaubte Trommeln aus der Erde zu hören, ganz leise.

„Wenn ich glücklich und zufrieden bin, lacht Gaia mit mir. Blumen öffnen ihre Blüten, Bäume schütteln ihre Kronen im Takt, Vögel singen, Tiere springen vor Freude im Kreis – immer wieder sehe ich, wie sie das Glück mit mir teilen. Die Freude ist am stärksten in der Gemeinschaft, wenn man zusammen in einen Freudentaumel gerät ...

Wenn ich aber traurig und betrübt bin, tröstet Gaia mich. Manchmal öffnet dann der Himmel gar seine Pforten und weint mit mir. Das Wasser geht neue Wege und so zerstreuen sich Trauer und Schmerz. Aber der Himmel weint auch aus Freude. Früher, da hat er dies oft getan. Nun ist er schwer ...

Die Erde ist für mich eine Mutter, so wie die eure, die euch das Leben schenkte und über euch wacht. Ich bin ein Teil von ihr, mein ‚Körper' wurde aus ihr geboren.

Wie alle Mütter es sind, ist auch Gaia besorgt um ihre Kinder. Sie versucht ihnen einen Halt und ein Zuhause zu geben und mit gutem Beispiel voranzugehen. Sie liebt alles und jeden, der auf ihr lebt. Ihre

Liebe zum Leben ist so groß, dass sie sich eher vor Schmerzen krümmt als zu zerstören.

Mutter Erde hat einen fast unverwüstlichen Optimismus. In allem kann sie etwas Gutes entdecken oder eine Erfahrung daraus gewinnen. Dies ist ein wundervoller Charakterzug. Wir alle, ob Naturwesen, Pflanzen, Tiere oder Menschen, wir alle haben Eigenschaften von Gaia in uns. Bei manchen sind diese tief vergraben und vergessen. Andere leben sie offen und bewusst.

Ich urteile über niemanden. Urteile über eine Person oder Sache zu fällen liegt uns Naturwesen fern. So etwas kennen wir nicht. Geschieht ein Missgeschick, lernen wir daraus. Woraus sonst, als aus den Stolpersteinen der Vergangenheit, sollte man Wissen und Weisheit erlangen?

Mutter Erde ist gütig, sanft und zart. Seht euch nur all die vielen kleinen Blumen an, die sie hervorbringt. Ein solch großes und mächtiges Wesen, das fähig ist, Schönheit und Vollkommenheit in solch winzig kleine Pflänzchen zu packen. Es heißt, wenn Gaia lacht, dann lacht sie in Blumen ...

Wenn man hinfällt, fängt sie einen stets auf. Vielleicht nicht immer so sanft, wie ihr euch es wünschen würdet, aber sie lässt euch nie im Stich.

Hin und wieder kann aber auch sie zornig werden und zeigt es durch Erdbeben. Stürme und Unwetter haben eher selten etwas mit ihrer Stimmung zu tun – dies sind in der Regel die Sturmgeister und andere, etwas reizbarere Wesen.

Ein Erdbeben gibt es dort, wo man Gaia schmerzen zufügt. Wenn immer wieder auf eine offene Wunde gedrückt wird, dann schüttelt sich unsere Mutter. Natürlich kann es auch ein Beben geben, wenn sie meint, eine Veränderung sei nötig.

Die Erde ist auch Energie. Der Planet an sich wäre eine leblose Hülle ohne das Bewusstsein von Gaia. So wie wir die Elemente und Stoffe beleben, füllt sie die Erde aus. Ohne dieses Wesen, diese Energie, könnte nichts und niemand in dieser Form hier existieren. Mit anderen Worten:

Ihr Menschen sprecht doch immer von Körper, Geist und Seele. Beziehen wir dies auf Mutter Erde, so sehen wir Folgendes:

Körper: die Erde, als Planet und Materie

Geist: Verstand, Emotionen, Gefühle, kurz die Energie der Erde. Dazu können auch die Erdstrahlungen, Kraftlinien, Magnetfelder, Schwerkraft und all diese Dinge gezählt werden.

Seele: das Bewusstsein Gaia oder Mutter Erde. Hier ist das Wesen Gaia, ihr Charakter, ihre Eigenschaften, ihre Liebe und ihre Verbundenheit zum kosmischen Bewusstsein gemeint.

Leben ist so vielseitig, es existiert auf unendlich vielen Ebenen und Arten. Manches ist mit bloßem Auge sichtbar, anderes sieht nur die Seele. All die Planeten, die eure Wissenschaftler ‚entdeckt' haben, und die alle kein Wasser haben sollen. Wer sagt, dass sie auf einer anderen Ebene nicht sprühen vor Leben? Hat ein Volk die Erkenntnisse einer Dimension erlangt, so steigt es in eine neue Dimension auf und alles beginnt wieder von vorne. Der ewige Kreislauf des Lebens.

Unsere andere Urmutter, Eia, ist einmal in einem Körper, ähnlich dem euren, auf Erden gewandelt, ehe sie in den Äther stieg. Wir, ihre Kinder, leben in einer Ebene dazwischen. So viele Dinge, so viele Wunder, so viel zu entdecken und zu lernen ..."

Stille herrschte um uns. Die zuvor lauten Geräusche sind in den Hintergrund gerückt. Der Wind schwieg, das Wasser tropfte leiser und die Trommeln waren nur noch als Vibration spürbar. Wir saßen uns gegenüber, jeder in seine eigenen Gedanken versunken. Die Zeit verstrich, ohne dass ich es merkte. Wir hatten begonnen mit der Umgebung zu verschmelzen, eins zu werden ...

„Wir sollten nun wieder gehen. Du musst bald aufstehen. In eurer Zeitrechnung waren wir die ganze Nacht hier unten. Für uns ist dies einerlei. Wenn du aufwachst, wirst du dich erinnern an das, was du weitergeben musst, liebe Freundin. Für Gaia. Für das Leben – HejHo."

Als ich in meinem Bett wieder erwachte, war mir kalt. Es war, als hätte ich die Kälte und Feuchtigkeit der unterirdischen Höhle in mein Zimmer mitgenommen. So stark war der Traum gewesen, dass ich den Geschmack von nassem, kühlem Stein noch auf meiner Zunge spürte. Aber es störte mich nicht, denn die Wärme in meiner Brust und die Erinnerungen an das Erlebte vertrieben die Kälte rasch wieder. So setzte ich mich hin und begann meine Reise ins Erdinnere niederzuschreiben.

Je öfter ich den Wanderriesen treffe, umso tiefer fühle ich mich ihm verbunden. Wir benötigen immer weniger Worte, um uns untereinander auszutauschen.

Leben in der Einheit

Es war einige Tage später, ich befand mich auf einem Spaziergang, als DuDuon plötzlich neben mir auftauchte. Ich begrüßte ihn freudig, denn ich genieße und schätze unsere Gespräche sehr. Alsbald waren wir auch schon in ein Thema vertieft, das DuDuon sehr wichtig ist. Seiner Meinung nach sind viele Probleme der Menschen erst möglich durch deren Mangel an Verbundenheit mit dem Höheren Selbst und Mutter Erde. Seine Aussagen habe ich nachträglich niedergeschrieben, denn ich kann nicht gleichzeitig gehen und schreiben. Deshalb gesellte sich der Wanderriese später zu mir in meine Schreibstube. Er ist gerne dabei, wenn ich seine Worte aufschreibe. Das Feuer brannte im Kamin und verbreitete eine angenehme Atmosphäre. DuDuon hatte sogar auf seine einzige Regel verzichtet und saß nun in einem Raum ohne Wind. Für ihn würde das Feuer diese Regel aufheben, meinte er nur dazu. Nun gut, mir sollte es recht sein.

DuDuon:

„So viele Dinge, über die wir noch sprechen könnten. Das ist das Schöne am Leben – es hört nie auf, und es gibt immer Neues zu entdecken und zu lernen. Auch ich erfahre täglich neue Dinge, erlebe kleine Wunder. So wie unsere Kommunikation klarer und zielstrebiger wird mit jedem weiteren Gespräch, liebe Freundin.

Ich kann das Feuer im Hintergrund knistern hören. Schön. Selbst wenn das Feuer in ständiger Bewegung ist, um zu überleben, so beruhigt es mich doch sehr. Immer wieder zeigt mir Feuer, dass augenscheinliche

Zerstörung auch Platz für Neues schaffen kann. Es gibt wieder Luft für Dinge, welche zuvor eingeschlossen waren ...

Ich habe euch bereits erklärt, dass wir Naturwesen nicht urteilen können. Vielleicht ist euch nicht bewusst, was für einen großen Unterschied dies macht – nicht, dass ich nun will, dass ihr alle dasselbe tut, schließlich seid ihr Menschen. Aber wir können keine Schuldzuweisungen machen, da wir uns am Ende nur selbst beschuldigen würden. Unser Bewusstsein der Verbundenheit mit allem ist stärker als alles andere, was wir kennen. Da wir alle eins sind, würden wir beim Urteilen über andere letztendlich nur über unsere eigene Unsicherheit stolpern.

Draußen ist es wieder kühler geworden. Als wir neulich im Wald waren, haben die Grillen und die Sonne in mir schon Frühlingsgefühle geweckt – vielleicht ist es ja noch nicht ganz so weit ...

Ihr besitzt so viel Macht. Macht, über die ihr euch nicht im Klaren seid oder die ihr unterschätzt. Gedanken sind sehr stark. Ihr könnt Wesen damit zerstören, aber im selben Atemzug zerstört ihr euch auch selbst. Es ist das Gesetz der Dualität, der Polarität, des Karmas oder wie ihr es nennen möchtet; alles kommt zur Quelle wieder zurück. Also gebt stets acht, was ihr aussendet, denkt oder euch wünscht.

Warum ich euch dies erzähle? Ganz einfach. Die Menschen (und damit meine ich natürlich nicht immer alle) haben vergessen, was es heißt, ein Teil des Ganzen zu sein. Alle Lebewesen und Seelen sind aufeinander angewiesen. Ihr braucht nur Mutter Erde beobachten. Die Pflanzen benötigen Wasser, genauso wie die Menschen und Tiere, um zu überleben. Sterben Menschen und Tiere, sollten ihre Körper wieder dem Boden zurückgegeben werden, dass sie Nahrung und Dünger sein können für neues Leben, das kommende Generationen wieder ernähren kann.

Einssein mit dem Leben bedeutet in Frieden und Harmonie mit allem zu leben – ganz besonders mit sich selbst. Wie kann ich euch die Essenz des Einsseins nur nahebringen ...?

Wer seinen Platz auf dieser Welt und im Universum kennt, der weiß auch, was er kann und was nicht. Wir Naturwesen wissen ganz genau, wo unsere Aufgaben und Grenzen liegen. Was nicht heißt, dass wir diese immer einhalten. Hin und wieder wollen auch einige von uns ausbrechen und neue Grenzen stecken. Manche sind anschließend aber wieder mit ihrem alten Sein zufrieden. Andere erkunden immer weiter neue Dinge. So ist das Leben; jedes Wesen ist so, wie es ist.

Hier sitzen wir nun – über Berge, durch Täler, durch Lüfte und Meere streifen unsere Gedanken ... Leben in der Einheit bedeutet all dies zu fühlen und doch bei sich selbst zu sein.

Meiner lieben Freundin hier muss ich nur von einem bestimmten Ort erzählen und schon ist ein Teil von ihr entrückt. Ihre Seele, ihr Geist, wandert dann zum besagten Platz, sieht ihn sich an, bewundert seine Schönheit, währenddessen aber läuft alles andere wie gewohnt weiter. Sie spricht, isst, erledigt alltägliche Arbeiten – es spielt keine Rolle, denn Einssein heißt auch überall zugleich „sein" zu können. Selbstredend nicht körperlich.

Ahh, ich kann das Feuer riechen, hören, wie seine Flammen im Takt tanzen ... Es sind wirklich faszinierende Wesen, diese Feuergeister.

Wisst ihr, liebe Freunde, ich lebe immer im Eins. Ich weiß nicht, wie es ist, anders zu leben.

Bei all diesen Dingen ist es doch immer so, dass man auch hier den Weg selbst gehen muss. Ich kann euch begleiten, frei nach dem Spruch der Ute Indianer: *Gehe nicht hinter mir; ich führe vielleicht nicht. Gehe nicht vor mir; ich folge vielleicht nicht. Gehe neben mir, dass wir gemeinsam gehen.*

Eines dürft ihr niemals vergessen, liebe Freunde, ihr seid nicht alleine! Auch wenn viele Menschen nicht an uns glauben mögen, heißt das nicht, dass wir sie deswegen aufgeben. Irgendwo, in seinem Herzen, glaubt nämlich jeder Mensch an uns.

Weiter möchte ich nicht sagen, dass ihr die Einheit nur findet, wenn ihr täglich im Wald spazieren geht. Natürlich hilft dies. Aber es gibt genügend Menschen, die dies tun und dennoch nicht verbunden sind. Die Einheit ‚versteckt' sich, wie so vieles, in den alltäglichen Begebenheiten und Dingen: im Umgang mit Mitmenschen, dem Respekt und der Dankbarkeit gegenüber Mutter Erde und allen Lebewesen. Die Einheit kann in einem das Herz berührenden Lied gefunden werden. Aber vor allem atmet sie in der Liebe, der Familie und den Freundschaften.

Meiner Meinung nach ist dies auch der Hauptgrund für die vielen Umweltverschmutzungen. Denn wer das Leben in allem und seine Verbundenheit mit allem nicht mehr erkennt, dem kann man auch keinen Vorwurf machen, wenn er zerstört. So viele Menschen haben zu wenig Wissen, um die Auswirkungen der Wasserverschmutzung zu erkennen.

Deshalb können wir nicht zornig auf euch sein. Traurig und enttäuscht sind wir auf jeden Fall, aber euch deswegen verurteilen? Nein, das geht nicht. In den alten Schulen wurde die Achtung gegenüber dem Leben noch gelernt – heute kennt ihr Zellen und Organismen, Zyklen und Nutzen, aber ihr lernt nicht mehr, sie als beseelte Wesen zu sehen.

Weint nicht um uns, ärgert euch nicht für uns. Meine liebe Freundin hat schon herausgefunden, dass dies nicht hilft. Stattdessen könnt ihr etwas für euch und uns gleichermaßen tun – für uns alle, denn wir sind am Ende immer eins. Beobachtet den Flug der Vögel oder wie sich eine Katze geschmeidig durchs Gras schleicht. Betrachtet die Pflanzen und stellt euch in den Wind und den Regen hinaus. Fühlt, wie gut es euch tut, und träumt von einer Zukunft in Harmonie, Respekt, Dankbarkeit und Liebe.

Wie ich zu Beginn sagte, sind die Gedanken eine mächtige Waffe. Mit Angst und Gewalt können ganze Völker gelähmt werden. Die Macht der Gewohnheit hält die meisten Menschen gefangen. Sie verlieren ihren freien Willen, hören auf, außerhalb der Regeln zu denken. Es liegt alles in euren Händen und Gedanken ...

Kannst du es hören? Die Luft knistert um uns herum, es ist warm geworden – und das liegt nicht am Feuer. Die Geister tanzen alle, freuen sich, dass es niedergeschrieben worden ist. So viel ist ihnen damit geholfen worden.

Ich gehe nun weiter. Einiges wartet noch auf mich. Es hat mich gefreut, wie jedes Mal ...

Gute Gedanken wünsche ich – HejHo."

So zog DuDuon weiter. Dies ist das letzte Gespräch, welches ich mit ihm geführt habe. Er meinte, es gäbe noch so viele andere Wesen, die etwas zu sagen hätten.

Eines Tages würde DuDuon wiederkommen und von neuen Dingen berichten.

Der Wanderriese ist mir ans Herz gewachsen und auch wenn ich weiß, dass wir uns von Zeit zu Zeit wieder begegnen, werde ich ihn vermissen.

In der Tanne in Nachbars Garten ließ sich nach seinem Abschied ein Elsternpärchen nieder. DuDuon würde dies gefallen – er ging und ließ Platz für zwei junge Eltern.

Pans Reich

Pan. Ein Wesen, um welches sich unzählige Mythen ranken. Schaurige Sagen, gefährliche Begebenheiten, aber auch große Weisheit und Güte begleiten das Wort Pan. Viel glauben wir über Pan zu wissen und doch kennen wir nur das Wort. In der Vergangenheit der Menschen taucht er immer wieder auf. Wie bei den Römern als Gott Faunus, bei den Griechen als Pan, Gott des Waldes und der Weiden.

Pan treffen zu können, ist etwas ganz Besonderes. Nicht nur zeigt sich der Pan heutzutage selten bis gar nicht, er ist auch ein anspruchsvoller Geselle. Tritt Pan in das Leben eines Menschen, geschieht dies nicht nur aus Vergnügen. Es steckt immer etwas dahinter. Pan teilt sein Wissen gerne. Der Fragende muss sich aber bewusst sein, dass Pan auch Forderungen stellen kann. Dabei kann es sich um sehr unterschiedliche Dinge handeln. Vom Pflanzen eines Baumes bis hin zur Verteidigung eines Waldstückes vor der Rodung. Allerdings nimmt Pan nur dann Kontakt auf, wenn er weiß, dass der Mensch etwas zum Wohl des Waldes beitragen kann. Pan kann man nicht rufen, nur er kann den ersten Schritt machen.

Erscheint er einem, so hat der betreffende Mensch immer noch die Wahl, ihn nicht zu beachten. Durch das bewusste Ignorieren wird Pan gezeigt, dass die Person nicht bereit ist, Verantwortung zu übernehmen. Dann zieht er sich wieder zurück. Meist aber ist dies die einzige Möglichkeit, im kurzen Dasein eines Menschen mit Pan in Verbindung treten zu können. Pan hat ein großes Herz, aber sein Angebot gilt in der Regel nur einmal.

Nimmt man die Anwesenheit Pans aber zur Kenntnis, so darf man auf allerlei Überraschungen gefasst sein. Dann wird er einen ein Leben lang begleiten. Pan ist ein Wesen von einer übergeordneten Stufe. Er ist aber auch der Hüter des Waldes, und die Zusammenarbeit mit ihm gewährt einem Menschen tiefe Einblicke in das Sein der Natur.

Pan ist in der ganzen Welt zu Hause und so wie jeder Wald seine eigene Ausstrahlung hat, hängt auch das Auftreten Pans von der Region ab. So spricht man in jedem Wald mit einem anderen Teilaspekt Pans. Außerdem passt sich auch sein Erscheinungsbild den äußeren Umständen sowie den Vorstellungen eines Menschen gleichermaßen an.

> „Mein Gedächtnis reicht weit zurück. Es umfasst das Wissen aller Wälder; Pflanzen, Bäume und Blumen ..." Die Stimme Pans war sanft und ihr Klang beschwor Bilder von wilden, unberührten Wäldern herauf. Ein Hauch von Mystik schwang in ihr mit und ließ ein Schaudern den Rücken hinabgleiten. Diese Stimme ist alt, zeitlos, und doch steckt sie voller jugendlicher Heiterkeit.
>
> „Ob all diese Erinnerungen nur von mir alleine sind? Ja und nein", fuhr Pan mit einem Flüstern fort. Es klang wie das Rascheln von Blättern im Wind, mächtig und liebevoll zugleich. „Ihr müsst verstehen, ich, als der Pan, bin anders als eine Fee oder ein Baumgeist. Ich kann nicht *sterben* oder *schlafen* wie die anderen Naturwesen. Mein Bewusstsein verändert sich ständig. Es wächst und dehnt und dreht sich. So war es schon immer und daran soll auch nichts geändert werden. Deshalb teile ich, der Pan, mich in vielen Formen und Gestalten mit, damit ich meine Auf-

gabe erfüllen kann. Wie das genau geschieht, werde ich euch nicht erklären. Lasst es einfach einmal so stehen. Das Unterbewusstsein versteht diese Dinge, und wenn die Zeit reif ist, könnt ihr es auch mit dem Herzen verstehen."

Die Augen des Pan waren schwarz, wie ein klarer Nachthimmel. Ich konnte mich darin spiegeln sehen. Manchmal kam es einem vor, als blicke man direkt in den Sternenhimmel. Sie sind mächtig, die Augen des Pan. Viele haben sich schon darin verloren und nicht wieder herausgefunden. Pan sollte man nie zu lange in die Augen schauen, denn die Unendlichkeit in ihnen kann einem Menschen schon einmal den Verstand rauben. Keineswegs heißt das aber, dass man Pan nicht ansehen darf. Es sollte einem nur bewusst sein, dass Pan ein sehr kraftvolles Wesen ist.

„Ich habe andere *Regeln* als die Naturwesen, Menschen und Tiere", sagte Pan leise, den Blick in den Himmel gerichtet. Er brauchte nie laut zu werden, denn sein Klang durchdrang jede Faser meines Körpers. Die Grenzen von Vergangenheit, Gegenwart und Zukunft verschmolzen miteinander und selbst beim Niederschreiben erkannte ich manchmal keine klare Linie mehr.

„Der Pan", meinte selbiger mit einem Lächeln, „erstellt die Richtlinien für euch und passt auf, dass sie eingehalten werden. Ich bin hier, damit sich niemand am Leben ‚verletzt'. Dabei sind mir die Bäume eine große Unterstützung. Sie helfen mir, die Dinge aufrechtzuerhalten. Sie bieten Trost, Schutz und Leben in einer Form, wie es mir versagt ist. Ich nehme keine körperliche Gestalt an. Ich lebe in jedem Baum, in jeder Pflanze – wozu bräuchte ich dann einen eigenen Körper? Die Erde ist rund, das Leben ist rund, alles folgt einem gleichmäßigen Kreislauf. Ich möchte euch gerne eine Geschichte erzählen. Geschichten sind gut und wichtig. Sie können ausdrücken und verarbeiten, wo der Verstand endet."

Vielleicht muss ich an dieser Stelle noch kurz beschreiben, wie Pan sich in unseren Gebieten am liebsten zeigt. Auch wenn sich sein Auftreten durch die Geschichte verteilt nie groß verändert hat, gibt es doch immer wieder kleine Unterschiede. Ebenfalls gut zu wissen ist, dass man jeweils „nur" mit einem Teilaspekt von Pan sprechen kann. Würde er in seiner vollen Kraft erscheinen, würde der menschliche Körper das nicht verkraften.

Zeigt Pan sich mir, so ähnelt sein Körper einem Mann, wenn auch seine Haut mehrheitlich mit Fell überzogen ist. Seine Füße sind manchmal Hufe, manchmal aber auch so wie die unseren. Das Auffälligste an ihm ist sein Kopf, denn dieser erinnert an einen Hirsch. Ein prächtiges Geweih thront auf seinem Haupt und ist von einer braunen Lockenflut umgeben. Wenn Pan spricht, verändert sich sein Ausdruck ständig. Mund und Nase werden die eines Menschen und dann wieder die eines Hirsches. Pan legt sich nicht gerne auf nur ein Erscheinungsbild fest. Er mag die Abwechslung.

Das Geschenk des Pan

Pan erzählt: „Unsere Geschichte beginnt in den Tagen, als die Hirsche noch keine Geweihe trugen und es noch keine Menschen gab. Es war an einem schönen Frühlingsmorgen. Die Nächte kühlten noch stark ab und so hingen bei Sonnenaufgang leichte Nebelschwaden zwischen den Baumkronen. Die Luft war frisch und kündigte einen warmen Tag an. Vögel zwitscherten ihre Lieder, bevor sie sich auf Nahrungssuche begaben. Einige von ihnen brüteten schon über ihren Eiern, andere mussten erst noch ihre Nester bauen. Eulen und Marder zogen sich in ihre Behausungen zurück, denn für sie ist es eine ereignisreiche Nacht gewesen. Dafür krochen die Tagesbewohner aus ihren warmen Lagern. Schlanke Hirschkühe durchstreiften auf langen Beinen die Gegend und suchten nach frischen Trieben. Hier und dort kreuzte ein Fuchs den Weg, den buschigen Schwanz dicht über dem Boden. Es waren alles Tiere, welche auch heute noch unsere Mutter Erde bevölkern, nur von einem manchmal etwas anderen Erscheinungsbild.

Während der Dämmerung herrschte stets geschäftiges Treiben. Es war eine andere Stimmung als im Verlauf des restlichen Tages. Ein Teil des Lebens ging jeweils schlafen und ein anderer Teil erwachte. Eine magische Stunde.

Auf einem Felsen saß Pan und spielte Flöte. Munter plätscherte das Wasser zu meinen Füßen. Die Wasserwesen klatschten und tanzten im Rhythmus der Musik und ihre lieblichen Stimmen umgarnten mich. Einige Waldbewohner schlichen sich vorsichtig an.

Sie setzten sich in einiger Entfernung hin und lauschten dem Spiel. Ich bin ein großer Liebhaber von schönen Klängen und ganz besonders mag ich das Spiel meiner Flöte, die ihr Menschen sogar nach mir benannt habt. Die hohen und tiefen Flötentöne hallen in meinem Kopf nach und in diesen Momenten ist mir jeweils, als würde die Welt mit dem Atmen innehalten.

Doch plötzlich drang ein merkwürdiger Laut an meine empfindlichen Ohren und ließ mich mein Spiel unterbrechen. Ich bin ein furchtbar neugieriger Geselle und möchte am liebsten immer sofort wissen, was in den Wäldern vor sich geht. Beim Flötespielen hingegen vergesse ich mich gelegentlich.

Mit der Flöte in der Hand hüpfte ich leichtfüßig durch das Unterholz. Anstelle von Füßen, wie die Menschen welche haben, trug ich Hufe und mein Körper war an vielen Stellen von einem flauschigen Fell bewachsen. Was sehr nützlich bei jeglicher Witterung sein kann. Allerlei Blätter, Blüten und Edelsteine hingen in meinem Haar, und ich trug funkelnde Ringe an meinen Ohren. Diese trage ich übrigens auch heute noch gerne, und wenn ich von jemandem bemerkt werden will, so lasse ich meinen Schmuck klirren. An jenem besonderen Tag aber schlich ich lautlos durch den Wald, bis ich zu einem prächtigen Weißdornbusch kam. Dort trug sich etwas Seltsames zu.

Eine Hirschkuh bekam ihr erstes Kalb. Das war mir neu, denn normalerweise gebären die Hirschkühe erst im Sommer. Dies könnte interessant werden! Also setzte ich mich leise hin. Es war mir natürlich offensichtlich, dass die Hirschkuh unter starken Schmerzen litt, aber als Pan darf ich nicht in die natürlichen

Geschehnisse eingreifen, nur weil ich Mitleid empfand. So blieb mir nur schweigend auf ein prächtiges Kalb zu hoffen, welches die Mutter mit Stolz erfüllen möge.

Nun wissen wir alle, wie mächtig Wünsche sein können, und meine Wünsche sind noch um einiges stärker. Der Weißdorn, wohin sich die Hirschkuh zurückgezogen hatte, spürte meinen Wunsch und beschloss, ihn mir zu erfüllen. Als die Mutter dann ihr Kalb warf, war ich sehr zufrieden. Es war kein gewöhnliches Kalb. Nein. Dieses hier war schneeweiß und genauso schön wie die feinen Weißdornblüten. Ich war so berührt vom Geschenk des Weißdorns, dass ich beschloss, auch ihm etwas zu geben. Von nun an markiert der Weißdorn die Tore zur Anderswelt und wacht über die heiligen Plätze der Natur. Er verbindet also nicht nur zwei Welten miteinander, sondern steht auch für Fruchtbarkeit, Schutz und Heirat.

Von diesem Tag an wurde das weiße Kalb meine neue Freundin. Jeden Morgen besuchte ich sie, um mit ihr zu spielen. Wir durchstreiften die entlegensten Winkel des Waldes, tanzten mit den Geistern und schliefen unter klaren Sternenhimmeln. Meine kleine Freundin wurde größer und schöner und war schon bald im ganzen Wald bekannt. Die Geister und Tiere gleichermaßen flüsterten sich Geschichten zu, denn es war deutlich sichtbar, dass sie meine Freundin war. Es machte meine Freundin noch geheimnisvoller und kein Waldbewohner würde es je wagen, ihr ein Leid zufügen zu wollen. Schließlich wollte mich niemand verärgern.

Dann aber kam die Zeit der Brunft und alle jungen Hirsche begannen, um meine schöne Freundin zu buhlen. Auch wenn es mir nicht gefiel, unternahm ich nichts dagegen. Alle Dinge, die Schönen sowie die Betrüblichen, sind vergänglich. Es ist der Zyklus des Lebens, und ich hatte kein Recht, darin einzugreifen. Ich vertraute auf die Intuition meiner lieben Freundin – sie würde schon wissen, welcher Hirsch gut für sie sorgen konnte.

Ihr müsst wissen, dass in der damaligen Zeit die Hirsche noch keine Geweihe trugen. Deshalb mussten sie ihre Kämpfe auch mit Hufen und blanken Schädeln austragen. Meiner lieben Freundin fiel es dadurch sichtlich schwer, sich zu entscheiden.

Es war an einem Herbsttag, als ich einem jungen Hirsch begegnete. Die Sonne ließ das rote Laub leuchten und verwandelte die Landschaft in warme Farbtöne. Ich liebe das Rascheln der Blätter, wenn man zu dieser Jahreszeit durch den Wald streift. So traf ich also dieses junge Männchen und erschrak. Noch nie zuvor hatte ich einen hässlicheren Hirsch gesehen. Auf unsicheren Beinen stapfte er durch das Laub und ließ dabei betrübt den Kopf hängen. Meine Neugierde war geweckt und ich wollte wissen, was diesen Hirsch so traurig stimmte.

‚Junger Freund', fragte ich ihn da freundlich, ‚sag, was bedrückt dich so?'

Die Gedanken des jungen Hirsches schienen so weit weg, dass er mich nicht einmal als Pan erkannte. ‚Guter Geist, ich habe mich verliebt', antwortete er mir leise.

Das verwirrte mich. ‚Verliebt? Aber das sollte doch ein Grund zur Freude sein.'

‚Ach ...', seufzte da der Hirsch, ‚sieh mich doch an. Ich bin viel zu hässlich und klein, um ein solch edles Geschöpf für mich gewinnen zu können.'

Da konnte ich ihm leider nicht widersprechen, fragte aber trotzdem nach, wer denn die Auserwählte war.

‚Es ist die schöne, weiße Hirschkuh', sagte er mir und trottete mit geknicktem Kopf davon.

Nachdenklich blickte ich ihm nach, wie er zwischen den kahl werdenden Bäumen verschwand. Auch wenn mich sein Äußeres zu Beginn irritiert hatte, so sah ich in ihm gleich das sanfte Wesen, das er war. Eine wundervolle Fähigkeit, wenn man *durch* die Hülle sehen kann und dahinter die wahren Eigenschaften eines Geschöpfes erkennt. In der hässlichen Brust des jungen Hirsches schlug nämlich ein großzügiges und liebenswertes Herz. Er würde gut für meine Freundin sorgen, das konnte ich sehen. Er schien sie aufrichtig zu lieben. So beschloss ich ihm zu helfen meiner Freundin zu helfen, und dabei auch noch mich glücklich zu machen. Ich würde dem Hirsch ein Geschenk machen. An seiner Hässlichkeit konnte ich nichts ändern, das war gegen die Regeln. Wenn ich nun aber etwas an mir selbst ‚verbesserte', wäre es mir möglich, dies dem jungen Hirsch weiterzuschenken. Natürlich würde das dazu führen, dass fortan eine Verbindung zwischen mir und diesen Tieren bestünde. Nun, damit konnte ich gut leben. Schließlich war meine liebe Freundin eine von ihnen.

So zog ich mich für einige Tage zurück und ‚bastelte' fieberhaft. Unzählige Variationen habe ich kreiert und wieder auf die Seite gelegt. Einige aber haben überlebt und ihren Platz auf anderen Tierschädeln gefunden. Dennoch, für den Hirsch wollte ich etwas ganz Besonderes. Eine Herausforderung und eines Waldbewohners würdig.

Nachdem ich endlich zufrieden war, steckte ich mir das neue Gebilde auf meinen Kopf und ließ es sich mit meinem Körper verschmelzen. Ein stattliches Geweih ragte nun aus meinem Haupt. Der Wuchs glich den Ästen meiner geliebten Bäume und bestand aus einem ähnlichen Material wie die Hufe der Hirsche. Ich war wirklich sehr stolz auf meine Arbeit, bin es auch heute noch, denn ich muss sagen, ich gefalle mir mit Geweih viel besser. Als ich durch den Wald ging, strichen die Bäume mit ihren Fingern über mein Geweih. Es gefiel ihnen sehr gut. Aber auch die anderen Geister freuten sich darüber. Vor allem die zarten Feen ließen sich gerne in meinem Geweih nieder, um sich mit mir zu unterhalten. Durch meinen neuen Kopfschmuck fand ich einen noch tieferen Zugang zur Natur.

So weit zufrieden machte ich mich auf die Suche nach dem jungen Hirsch. Mitten im tiefen Wald fand ich ihn dann. Alleine und lustlos kaute er auf einigen Blättern herum und starrte ins Leere.

‚Junger Freund', sagte ich da und trat auf ihn zu, ‚ich habe ein Geschenk für dich.'

Da hat mich der Hirsch ungläubig angesehen und erkannte, wen er hier vor sich hatte. Beschämt entschuldigte er sich für sein Verhalten von unserer letzten Begegnung und beäugte dabei mein Geweih.

‚Großer Pan', meinte er neugierig, ‚sag, was ist dieses merkwürdige Gewächs auf deinem Kopf?'

Ich musste leise lachen. ‚Mein neuer Schmuck. Gefällt er dir?'

Der hässliche Hirsch nickte kräftig und besah sich das Geweih nun von allen Seiten. Er lobte mich für meinen Einfallsreichtum und wie sehr es doch den Bäumen glich.

‚Ich habe es für dich gefertigt', sagte ich schließlich.

Die Augen des jungen Hirsches wurden groß und er fragte, wieso ich ihm denn helfen wolle. Ich erzählte ihm, was ich in ihm gesehen hatte, und dass ich gerne seine Chancen bei meiner Freundin für ihn verbessern wollte.

‚Aha', meinte der Hirsch vorsichtig. ‚Aber, großer Pan, es steckt ja auf deinem Kopf fest ...'

Da musste ich herzhaft lachen und auch die Bäume um uns begannen zu lachen – verloren dabei aber ihr ganzes Laub.

‚Wie du sicherlich weißt', erklärte ich dem jungen Hirsch, ‚kann ich dir nicht einfach etwas herbeizaubern, das es nicht bereits gibt. Also habe ich mir ein Geweih erschaffen. Nun, da ich es trage, kann ich es auch mit anderen Wesen teilen. Komm her, junger Freund.'

Darauf wusste der hässliche Hirsch nichts mehr zu sagen, und ich fasste dies als sein Einverständnis für mein Geschenk auf. Ihr könnt es euch so vorstellen, dass ich eine Art Kopie von meinem Geweih für den Hirsch machte und diese Kopie dann auf seinen Kopf pflanzte. Als Pan kann ich solche Dinge tun, dafür brauche ich keine sogenannten Maschinen.

Ich legte meine Hände auf den Kopf des Hirsches. Dem armen Kerl musste dabei nicht ganz wohl gewesen sein. Zwar ist es mir als Pan möglich, viele Dinge auf einmal zu tun, aber dabei kann ich nicht immer auf alles gleichzeitig achten.

Als ich fertig war, stand vor mir der erste Hirsch mit einem Geweih. Wundervoll sahen er und das Geweih aus. Mutter Erde hätte es selbst nicht besser bewerkstelligen können. Aber auch der Hirsch hatte sich verändert. Stolz lag nun in seinem Blick, ein neues Selbstbewusstsein strahlte daraus. Er bedankte sich pausenlos, bis ich genug hatte und ihn fortschickte. Im Geheimen schlich ich ihm aber nach, denn ich wollte sehen, wie meine liebe Freundin sein Erscheinen auffassen würde.

Es geschah, wie ich es erhofft hatte. Als mein junger Freund auf die Wiese trat, verstummten sämtliche Gespräche. Anmutig schritt er durch das Gras. Die anderen Hirsche begannen den Neuankömmling wegen seines Geweihs auszufragen. Mein junger Freund aber sagte bloß, es sei seinem Herzen entwachsen, und das war die einzige Erklärung, die er den Hirschen gab. Die weiße Hirschkuh aber wusste es besser. Sie kannte mich gut genug und sie erkannte meine Botschaft dahinter.

Meine beiden jungen Freunde führten tiefe Gespräche und es dauerte nicht lange, da sah die weiße Hirschkuh das gütige Herz des Geweihträgers und verliebte sich in ihn. Und es war im darauffolgenden Sommer, dass sie Eltern wurden. Ein prächtiger junger Hirsch wurde es, der später ein noch eindrucksvolleres Geweih als sein Vater bekam.

Ich war darüber mehr als nur glücklich. Dank meinem Eingreifen hatten zwei wundervolle Wesen zueinander gefunden.

Um die Ordnung der Dinge nicht ganz durcheinanderzubringen, warfen die Hirsche ihre Geweihe jeweils im Winter ab, damit es im Frühling nachwachsen konnte. Auch wenn ich als Pan in den Lauf der

Dinge eingreifen kann, muss ich doch aufpassen, Dinge nicht vollkommen zu verändern. Gewisse Abläufe sind so entworfen worden, weil sie so am besten für alle sind. Und hier möchte ich der gütigen Mutter nicht ins Handwerk pfuschen.

Mit den beiden jungen Hirschen verband mich fortan eine noch tiefere Freundschaft und schuf ein festes Band zu all ihren Nachkommen.

Mittlerweile tragen viele andere Tiere auch ein Geweih. Ja, ihr seht, ich hatte große Freude am Teilen. Und auch mir selbst gefällt mein Kopfschmuck immer noch ausgezeichnet. Hin und wieder ändere ich seine Form, erscheine mit einem Hirschgeweih, dann mit einem Geißbockgeweih oder einer anderen Form. So tauche ich auch in den Legenden der Menschen unterschiedlich auf und das mag ich.

Nun wisst ihr, wieso ich ein Geweih trage und wie es dazu kam, dass der Hirsch der König des Waldes wurde."

Die kleine Waldgöttin

Wie wichtig den Naturwesen Märchen, Erzählungen, Sagen oder Legenden sind, erkennt man schon alleine daran, wie zahlreich sie darin vorkommen. Auch Pan sieht in ihnen eines der größten Vermächtnisse der Menschen. Er meint, dass viele dieser Geschichten dort ansetzen, wo die Vernunft aufhört. Sie entführen die Menschen in ihre Herzen, zu ihren Sehnsüchten und Träumen – wie ein geheimer Zwilling, von dem man nichts wusste. Die Schwierigkeit aber liegt darin zu erkennen, dass diese Geschichten einen wahren Ursprung haben.

So dürfte es nicht verwundern, wenn uns der Pan nochmals eine Geschichte erzählt:

„Es gibt eine kleine Geschichte über ein Menschenmädchen, die ich gerne mit euch teilen würde. Wie alle Erzählungen enthält auch diese einen Funken Wahrheit. Ich habe dieses Mädchen gekannt. Ihr werdet ähnliche Geschichten schon aus verschiedenen Regionen der Erde kennen, aber anders erzählt. (Ich erzähle gern die gleiche Geschichte um den ganzen Globus verteilt.) Doch sie muss wieder einmal verbreitet werden, denn alle Gedanken, schöne und böswillige, steigen irgendwann in den Himmel ...

Viele, viele Jahre – in eurer Zeitrechnung – liegt diese Begegnung zurück. Dennoch erinnere ich mich daran, als wäre es gestern gewesen. Damals bewegten sich die Menschen noch zu Fuß oder zu Pferd von einem Ort zum anderen. Ebenso waren die meisten Menschen Bauern und lebten im Einklang mit der Natur. Sie wussten, dass ihr Überleben von den Jahreszeiten abhing und so feierten sie große Dankesfeste, um sich dessen immer bewusst zu bleiben. Des Öfteren hinterließen sie kleine Geschenke im Wald, für mich und andere Naturwesen. Es war eine harmonische Zeit, denn wir wurden geschätzt und respektiert. Die Wälder waren groß, die Bäume alt und weise, das Grasmeer endlos und die Gewässer klar.

In diesen Tagen war es normal, dass an jedem Königshof ein Natursprecher oder eine Natursprecherin lebte. Diese Menschen waren von den Naturwesen und manchmal auch von mir unterrichtet worden und hatten eine tiefe Verbindung zu uns. Sie fungierten als unser ‚Sprachrohr' und gaben den Königen unsere Ratschläge weiter. Im Laufe eurer Geschichte trugen sie viele Namen: Druiden, Priester, Schamanen ... Für uns sind diese Bezeichnungen einerlei, denn es zählt das Herz. Sie sind unsere Freunde, Brüder und Schwestern, Töchter und Söhne. Es ist eine Verbindung auf Lebzeiten, hier auf Mutter Erde.

Eines Tages aber überhörte ein besonders machthungriger König unseren Rat und zog trotz unserer Sorge gegen ein benachbartes Volk in den Krieg. Kurz darauf wurde unsere Sprecherin vom Hofe vertrieben und ihre Worte verhallten ungehört unter den Befehlen der Generäle. Dies erzürnte uns, aber ganz besonders verstimmte es die Luftwesen, denn der Krieg sollte noch Jahre währen. Die Klagen der Menschen stiegen in die Lüfte hoch und hielten die Himmelswesen von ihrer Arbeit ab. Nach vielen, erfolglosen Versuchen durch unsere Sprecherin beschlossen die Luftwesen selbst etwas dagegen zu unternehmen. Sie sprachen mit dem Wasser, dem Wind, den Wolken und Mutter Erde – am Ende blieb der Regen aus. So wollte man den verfeindeten Völkern vor Augen führen, was die Auswirkungen des sinnlosen Tötens waren.

Aber die Wirkung blieb aus. Die Könige waren blind vor Gier und Hass. Lange schon missachteten sie die Bedürfnisse ihrer Untertanen. Das Volk hungerte und trotzdem wurde der Krieg weitergeführt. Denn im Plan der Luftwesen gab es eine Lücke. Die Menschen wussten, die Naturwesen würden es niemals zulassen, dass die Pflanzen und Tiere wegen des ausbleibenden Regens sterben mussten. Und sie behielten leider recht. Die Wälder wurden trocken, die Tiere litten und Mutter Erde wurde darüber sehr traurig. Gegen den Willen der Luftwesen wurde beschlossen, die Himmelsschleusen wieder zu öffnen. Nun aber stellten sich die Luftwesen quer und bliesen die Regenwolken auseinander. Es hatte sich nämlich etwas geändert. All die Trauer, die Schmerzen und die Wut der Menschen waren durch die Lüfte getragen worden und hatte sich wie eine Haut über die zarten Luftwesen gelegt. Unfähig, diese wieder abzuschütteln, wurden sie dem Leid der Natur gegenüber blind. Die Wesen der Luft reagieren so empfindlich auf jeden Gedanken.

Zur selben Zeit in einem Dorf nahe der Waldgrenze betrachtete ein kleines Mädchen den Himmel. Es war zu Kriegsbeginn geboren worden und kannte kein Leben, ohne dass Freunde und Verwandte an den Folgen starben. Auch die Eltern hatte es früh verloren. Noch vor dem Krieg hätte man das Mädchen zu unserer Sprecherin geschickt, denn sie besaß die Fähigkeit, uns schon seit ihrer Geburt sehen und hören zu können. Doch unsere Sprecherin war längst tot, gestorben durch Verrat.

Mit dem Starrsinn eines Kindes versuchte sie ihre Mitmenschen dazu zu bringen, wieder freundlich miteinander umzugehen und die Natur zu achten. Niemand hörte dem Mädchen zu und es wurde nur ausgelacht.

In seiner Not verließ das Mädchen die Menschen. Es ging aus dem Dorf fort und begab sich in den Wald.

Der Wald war stumm geworden, die Luft schwer, die Gewässer trüb und die Baumkronen kahl. Die Liebe des Mädchens für das Leben wurzelte tief, und es beschloss mit den Waldgeistern zu sprechen. Aber kein Kobold oder Zwerg, keine Fee oder Elfe wollten sich ihm zeigen. Viele hatten sich tief in die Erde zurückgezogen und einige waren sogar in andere Wälder gezogen. Das Mädchen konnte sie verstehen, denn es selbst hätte nicht in solch einem Umfeld leben wollen. Da erinnerte es sich an eine alte Geschichte von ihrer Großmutter, die noch eine Zeit ohne Krieg gekannt hatte. Es ist eine Sage über den Hüter der Wälder gewesen und darüber, dass er seine Wälder sehr, sehr liebt. So machte es sich auf die Suche nach mir, dem Pan. Die gute Seele! Mich kann man nur finden, wenn ich es will, und damals war ich nicht gut auf die Menschen aus dieser Gegend zu sprechen.

Tage und Nächte vergingen und noch immer war das Mädchen nicht bereit aufzugeben. Gleichwohl dass es keine Nahrung mehr hatte, rief es weiter nach mir. Ich war beeindruckt von seinem Glauben an mich und so trat ich schließlich auf das Mädchen zu. Die Freude in seinem kleinen, müden Gesicht kann ich auch heute noch sehen. Ich muss nur die Augen schließen ...

‚Ich wusste es, ich wusste es‘, flüsterte das Mädchen und sank erschöpft auf die Knie.

Es sah krank und schwach aus und so gab ich ihm eine Schale Wasser und einige Beeren. Dann ließ ich mich ihm gegenüber nieder und sah es nachdenklich an. Eine Stärke schien von diesem kleinen Mädchen auszugehen, die mich faszinierte. Dieses winzige Geschöpf hatte es doch tatsächlich fertiggebracht, dass ich mich ihm zeigte.

‚Kleines Mädchen', sagte ich schließlich, ‚ich weiß, weshalb du mich aufgesucht hast, aber ich kann dir nicht helfen.'

Das Mädchen sah mich mit ungläubigen Augen an. ‚Aber du bist doch der Pan?'

‚Ach', meinte ich wehmütig und zeigte gen Himmel, ‚die Luftwesen hören auf niemanden mehr. Wenn nicht einmal mehr Mutter Erde sie beschwichtigen kann, hilft es auch nichts, dass ich der Pan bin ...'

‚Es ist unsere Schuld', sagte es da traurig.

Ich schüttelte betrübt den Kopf. ‚Nein, meine Liebe. Dinge geschehen, das kann niemand aufhalten. Wenn aber aus diesen Folgen keine Lehre gezogen wird, dann erst zieht dies Konsequenzen nach sich. Es ist nicht eure Schuld, wenn eure Könige nicht auf uns hören wollten. Aber ihr hättet die Kraft haben sollen, euch ihnen zu widersetzen. Das wäre weise gewesen ...'

‚Gibt es denn gar nichts, das ich tun könnte?', fragte das Mädchen hilflos.

Da habe ich es lange angesehen. Ich konnte die Kraft dieses kleinen Menschenmädchens fühlen und war traurig, denn sie wäre sicher eine weise Sprecherin geworden. Dann seufzte ich und zeigte auf den nahe gelegenen Berg.

‚Dort oben bist du den Luftwesen am nächsten. Vielleicht hören sie ja auf dich ...‘

Entschlossen stand das Mädchen auf und reichte mir die Schale zurück. ‚Ich danke dir, Pan.‘

Noch heute bewundere ich den Mut des kleinen Mädchens. Es stieg tatsächlich diesen Berg hoch, obwohl es dafür ganze vier Tage brauchte. Und als es oben ankam, zu Tode erschöpft, sprach es zu den Luftwesen. Es war nicht viel, aber die Worte sind uns Naturwesen heute noch bekannt.

‚Gütige Geister des Himmels‘, sagte das Mädchen leise, denn zum laut Sprechen fehlte ihm die Kraft, ‚es tut mir leid! Ich übernehme die Verantwortung für das Tun meiner Leute. Bitte, lasst den Regen wieder Leben bringen. Es tut mir leid!‘

Mehr wusste das Mädchen nicht zu sagen, denn es hatte das größte Opfer gebracht, zu dem es fähig gewesen war. Es war an seiner Liebe zum Leben zerbrochen, und so hörte sein kleines Herz einfach auf zu schlagen. Und glaubt mir, hätte ich das geahnt, ich hätte versucht es zu verhindern. So aber starb das kleine Menschenmädchen alleine. Die Luftwesen hatten seine Worte gehört, denn alles steigt früher oder später zum Himmel empor. Als sie sahen, dass es gestorben war, wurden sie traurig. Wie konnte ein solch junges Geschöpf die Verantwortung für all diese schlimmen Dinge übernehmen? Hatte ihm niemand gesagt, dass zu viel Pflichtgefühl ebenso zerstörend wirken kann, wie kein Gewissen? Und da mussten die Himmelswesen weinen. Der Regen fiel in Strömen, bedeckte Mutter Erde mit seinen Küssen und das Leben kam zurück. Die Menschen legten ihre Waffen nieder, denn es regnete zu stark, um weiterkämpfen zu können. Und als der Himmel sich wieder aufklärte, gingen die Menschen nach Hause, um ihre Felder zu bestellen. Sie veranstalteten ein großes Fest, das viele Tage währte, um sich für das Wasser zu bedanken. Bunte Bänder wurden in die Bäume gehängt und die merkwürdige Geschichte von einem kleinen Mädchen, das mit Geistern gesprochen hatte, wurde geboren. Der Kreislauf konnte sich wieder schließen und die Luftwesen tanzten und sangen unbeschwert durch die Lüfte.

Die Reise des kleinen Mädchens war hier aber noch nicht zu Ende, denn ich habe mich seiner angenommen. So viel Liebe zur Natur verlangte ein Geschenk. Ihre Seele weilte noch bei ihrem kleinen, zerbrechlichen Körper, und so schenkte ich ihr einen Platz in unserer Welt. Sie wurde meine Tochter, ein Kind des Waldes, und meine Familie wurde zu ihrer Familie. Sie zieht nun mit mir durch die Wälder. Hin und wieder taucht sie sogar in euren Legenden auf. Die kleine Waldgöttin wird sie auch genannt. Das mag ich. Das Herz der kleinen Waldgöttin aber gehört auf ewig dem Wald und den Menschen gleichermaßen. Ein Kind aus zwei Welten."

EIN GESPRÄCH MIT PAN

Es war ein regnerischer Tag. Dunkle Wolken hingen am Himmel, der Wind war eisig und der Boden nass.

Ich liebe diese Tage, wenn alles trocken ist und dann vom Regen wiederbelebt wird. So saß ich auf unserem Balkon, in eine warme Decke eingewickelt, und starrte hinaus in den Wasserguss. Auch wenn ich fror, wollte ich nicht wieder hineingehen.

Es begann auf meiner Haut zu kribbeln und plötzlich tauchte Pan neben mir auf. Abertausend Wassertropfen hingen in seinem Geweih und Haar und ein lebhaftes Funkeln lag in seinen dunklen Augen. Er strahlte über das ganze Gesicht. Ich hieß ihn fröhlich willkommen.

„Ahh“, meinte er mit einem zufriedenen Seufzen, „ich liebe den Regen.“

Auch ich musste lächeln. „Ja, ich auch. Es hat etwas Beruhigendes und man kann beobachten, wie das Leben vom Himmel fällt ...“

Er nickte nachdenklich und setzte sich auf die Balkonbrüstung. Dabei klimperte sein Schmuck fein. Pans Zehen berührten die Blätter des nahen Baumes.

„Und die Musik“, sagte ich leise. „Es ist so wunderschön, wenn die Geister singen und tanzen. Die Regentropfen sind wie Trommeln auf dem Boden und den Blättern.“

Pan sagte nichts, aber ich konnte seine Freude über meine Worte fühlen. Schweigend saßen wir da und betrachteten den Regen. Wir lauschten den munteren Liedern und verfolgten die Luftakrobatik der Regengeister.

„Dir macht etwas Sorgen?“, meinte ich nach einer Weile.

Vor einiger Zeit hatten wir ein stillschweigendes Abkommen getroffen, dass auch ich seine momentanen Gefühlslagen kommentieren darf. Pan ist sogar froh darüber, denn dabei kann nicht nur ich etwas lernen.

„Ja“, flüsterte er und Trauer schien aus seiner Haltung zu sprechen. Seine sonst heitere Stimme klang gedämpft. „Ich mache mir Gedanken um eine andere Art von Regen. Es ist nichts Lebenspendendes an jenem Regen. Dieser Sog engt ein, er macht abhängig und er tötet die Fantasie ... Ich hätte gerne, dass du unser Gespräch hier aufschreibst.“

„Sicher.“ Ich setzte mich gerade hin und nahm mir vor, mir seine Worte noch genauer einzuprägen, als ich es sonst tat.

Er musste lachen und es klang amüsiert ob meinem Verhalten.

„Die Worte finden schon wieder zu dir zurück, aber es ist gut, dass du so reagierst. Das Festhalten von Dingen und Geschehnissen bringt nicht viel, denn so hat es keine Möglichkeit mehr zu wachsen. Worte und Bilder können, dürfen und sollen sich ständig verändern. Es geht um die Aussage und die Aufrichtigkeit hinter dem Übermittelten.

Sieh dir einmal die Bäume an. Jedes Jahr werfen sie ihre Blätter ab. Sie lassen alle Lasten und Schwierigkeiten der vorhergegangenen Zeiten los. Dann gehen die Bäume während der Winterzeit in sich und sehen sich an, was sie erfahren haben. Ihr Wissen lagern sie, zusammen mit ihrem Alter, im Stamm und den Wurzeln ab und vergrößern so ihren Umfang mit jedem neuen Zyklus. Auch die Tiere folgen diesem Ruf. Einige von ihnen halten Winterschlaf, andere minimieren ihre Aktivitäten auf das Nötigste. Deshalb sind die Schnee- und Kältewesen auch so wichtig. Sie erst ermöglichen es der Natur innezuhalten. Auf eine Art lähmen sie das Leben. Das ist vonnöten, denn sonst käme niemand auf die Idee, das Gelernte zu reflektieren. So wird das Gefühl, dass man etwas verpasst, geschickt übergangen.

Was mich auf die Menschen zurückbringt. In den alten Tagen kannten die Leute noch nicht so viele Krankheiten und Gebrechen. Damals folgten eure Vorfahren einfach dem Beispiel der Natur. Während der weißen Tage zogen sie sich in ihre Häuser zurück und verbrachten die Zeit miteinander. Es wurde viel gesprochen und gelacht. Geschichten wurden erzählt, Kleider ausgebessert, und da es früh dunkel wurde, blieb auch immer genügend Zeit zum Nachdenken und Zur-Ruhe-Kommen. Deshalb wurden die Menschen von früher nicht oft krank, denn sie nahmen sich die Zeit für Selbstreflexionen."

Pans Gesicht veränderte sich. Der Blick wurde härter, seine Stimme rauer und Pan sprach gehetzt.

„Heute ist es nicht mehr dasselbe. Es gibt Epidemien, neue Krankheiten und Medikamente. Ich will nicht schlecht über euren Fortschritt in diesen Bereichen sprechen. Einige Dinge sind gut. Aber die Grundeinstellung dazu ist nicht lobenswert. Wurden eure Vorfahren krank, so war dies für sie ein Zeichen, dass sie sich zu wenig Zeit für sich selbst genommen hatten. Also legten sie sich brav ins Bett, tranken ihren Tee und machten Kräuterumschläge. Dann schliefen sie viel und träumten. In Träumen findet man stets gute Ratschläge und Heilung. Die Heiler und Heilerinnen von damals kannten die Bedeutung eines jeden Krautes sowohl für den Körper als auch für die Psyche. Dadurch konnten sie den Patienten auch auf der seelischen Ebene unterstützen. Die Kranken dachten darüber nach, wieso sie gerade diese eine bestimmte Beschwerde hatten. Erkältungen und Lungenprobleme hängen mit dem Lebensatem, dem Lebenssinn und -willen zusammen. Füße und Beine mit dem Vorwärtskommen oder dem ‚sich im Kreis drehen'. Hände und Arme mit dem Zurückhalten und dem Schaffen von Neuem. Der Kopf aber ist seit jeher speziell. Dort kommt alles zusammen und Krankheitsbilder am Schädel entspringen in der Regel einem seelischen Ursprung. Bei Kopfbeschwerden muss also besonders ‚tief' gegraben werden.

Was ich mit all dem eigentlich sagen will, ist, dass der Mensch von heute sich keine Zeit mehr nimmt. Schnell wirft er sich eine Tablette ein, um das Übel zu ignorieren und weiterarbeiten zu können. Aber genau hier liegt das Problem für all diese neuen Krankheiten. Will der Mensch nicht mehr auf seinen Körper hören, findet dieser immer weitere Möglichkeiten, auf Fehlermeldungen aufmerksam zu machen. Und anstatt diesen Dingen nun auf den Grund zu gehen, werden neue Medikamente hergestellt, um Schmerzen zu überblenden ..."

Mittlerweile hatte es wieder aufgehört zu regnen. Der eisige Wind trieb die Wolken weiter, das Lied des Regens entschwand langsam. Dafür wurde es von einem neuen Gesang abgelöst. Die Pflanzen- und Erdgeister kamen hervor und trugen die kostbaren Wassertropfen dorthin, wo sie gebraucht wurden. Die Luft war frisch und das Leben spross wieder aus allen Winkeln. Ich konnte fühlen, wie Pan ruhiger wurde.

„Es ist die Zeit“, sagte ich schließlich in die Stille zwischen uns.

Pan äußerte sich nicht dazu. Er beobachtete weiterhin die Naturwesen, wie sie den Blättern halfen, sich wieder zu entrollen. Einige der emsigen Wesen kamen vorbeigeflogen, um Pan zu begrüßen. Für jedes einzelne von ihnen nahm er sich Zeit. Fragte, wie es ihm ging, was es gerade tat und lobte, wie gut es seine Arbeit erledigte. Er ist dankbar für ihr Wirken, man konnte es Pan ansehen. Dieses mächtige Geschöpf geht ganz in seiner Bestimmung auf und gerade dies macht Pan so stark.

Wie auf ein Kommando blieben die Besuche der Naturwesen wieder aus. Pan sah mich an und seine dunklen Augen waren glasig geworden.

„Die Zeit sollte fließen und frei sein. Ohne Zwänge. Auch sollte die Zeit nicht in Stunden, Minuten und Sekunden eingeteilt werden. Das macht sie klein und schwach. Der Augenblick ist alles, was zählt.

Mir bereiten eure vielen Geräte und Apparate Sorgen. All diese Wellen und Geräusche – sie machen krank. Viele Menschen nehmen sie gar nicht mehr bewusst wahr, aber wir, wir müssen tagtäglich gegen sie ankämpfen. Sie sind wie saurer Regen. Den Luftwesen kleben sie die Flügel zusammen und den Erdbewohnern nehmen sie den Herzschlag von Mutter Erde weg. Und was sie erst für Auswirkungen auf euch haben!“

Pan schüttelte traurig den Kopf und sein Blick verlor sich am Horizont. Um uns begannen die Vögel zu singen, während das Wasser noch von den Blättern tropfte. In der Ferne waren einige Autos zu hören.

„Irgendwie verschließen alle die Augen davor“, fuhr Pan fort und wandte mir wieder den Blick zu. „Dabei hat eure Elektrizität nicht nur Negatives an sich. Es gibt nur zu viel Wellen und sie sind zu stark. Ihr braucht sie für beinahe alles – auch du wirst unser Gespräch später auf den Computer übertragen. Ich mache euch keinen Vorwurf, es ist nun einmal so. Aber ihr müsst lernen, anders damit umzugehen. Eure Geräte müssen nicht ständig laufen und Strom brauchen. Auch gibt es wundervolle Steine wie den Rosenquarz, welche die Strahlungen abschwächen. Wenn ihr wollt, könnt ihr eine Menge reduzieren. Das würde uns sehr glücklich machen. Dennoch mache ich mir Sorgen. So viele Naturwesen leiden unter diesem Sog und es werden immer mehr ...“

Schweigen. Am Himmel zogen die Wolken eilig weiter und einige Sonnenstrahlen fanden ihren Weg wieder auf die Erde hinab.

„Weißt du, was das mit eurer Zeit macht?“, fragte Pan auf einmal.

Ich dachte kurz nach, während er mich unverwandt ansah. „Es macht sie schneller.“

Pan nickte. „Wieso?“

„Nun, weil wir uns daran gewöhnt haben, Dinge mit einem Knopfdruck erledigen zu können. So verlieren wir den Bezug zum Entstehungsprozess und gleichzeitig dem Leben an sich. In der Natur hat alles seinen eigenen Rhythmus. Es gibt keine Zeit einzuhalten. Die Blumen blühen im Frühling und Sommer und während dieser Zeiten können sie ihre Blütezeit selbst bestimmen. Der Mensch mag zwar älter werden, aber die Zeit rennt ihm dennoch davon.“

Tief holte Pan Luft, die Augen geschlossen. Stumm stimmte er meinem Gedankengang zu. Dann begann er leise zu summen. Still saß ich da und hörte ihm zu. Vor Pan kann man nichts geheim halten. Er spürt jede Emotion, fängt die Ideen aus der Luft auf, bevor man sie ganz zu Ende gedacht hat. Man kommt sich wieder vor wie ein Kind am ersten Schultag. Es ist ein schönes Gefühl, denn Pan erkennt die Stärken und Schwächen eines jeden Wesens. Er fördert die Stärken und hilft die Schwächen zu erkennen. Mit ihm lernt man, was Zeit bedeutet. Es ist kein Wort, sondern eine Einstellung.

„Ich denke, für heute ist es genug“, sagte der Pan plötzlich. „Wir sehen uns.“

Pan lächelte zufrieden und sprang dann von der Brüstung.

Ich saß noch in meinem Stuhl, in meine Decke eingehüllt, und es war kalt. Zuvor war mir nicht aufgefallen, wie eisig es wieder geworden war. Die Anwesenheit Pans hatte mich warm gehalten. Seine Energie ist sehr wohltuend und beruhigend. Es ist, als würde man eine Tür in eine andere Welt öffnen, und selbst wenn man nur auf der Türschwelle sitzen kann, ist es berauschend. Das Wesen des Pan ist viel zu umfassend, um es auf einigen wenigen Seiten festhalten zu können. Ein Buch, nur ihm gewidmet, müsste es schon sein. Das würde Pan gefallen.

Einige Augenblicke hing ich noch meinen Gedanken nach, bis es mir wirklich zu kalt wurde. So bedankte ich mich beim Regen für sein Wasser und ging zurück ins Haus. Unwillkürlich fiel mein Blick auf die Küchenuhr. Seit ich mich auf den Balkon begeben hatte, war nicht einmal eine halbe Stunde vergangen. Seltsam, ich hätte schwören können, Stunden dort gesessen zu haben ...

DIE ZAHLREICHEN GESICHTER DER NATURWESEN

In vielen Geschichten und Aussagen erwähnen die Naturwesen immer wieder, wie wichtig Individualität ist – dass jedes Wesen sich selbst leben soll und es folglich auch seine eigene Realität hat.

Ich war erst skeptisch, ob ich die nachfolgenden Seiten überhaupt anfügen sollte. Dann aber wurde mir gesagt, dass es gerade darum geht; wie ich persönlich diese Wesen wahrnehme und mit ihnen Kontakt aufnehme. Schließlich bezwecken wir mit diesem Buch nicht nur, dass die Naturwesen zu Wort kommen, sondern auch, dass erkannt wird, wie nahe sie uns Menschen stehen. Naturwesen sind ein Teil unseres Lebens, ob wir nun an sie glauben oder nicht.

Naturwesen zu beschreiben ist nicht einfach, denn so wie jeder Mensch die Welt mit seinen eigenen Augen sieht, sehe auch ich die Naturwesen auf meine eigene Art. Nur weil ein Naturwesen sich mir als knorriges Wurzelfrauchen (mit schiefen Zähnen und Warzen) zeigt, muss nicht jeder Mensch das Wurzelfrauchen ebenfalls so sehen. Jemand anderem erscheint sie vielleicht als schöne Wurzelfrau oder in einer bestimmten Farbabfolge. So zeigen sich mir auch viele Feen mit Flügeln, dennoch gibt es eine Vielzahl an Feenvölkern, welche gar keine Flügel tragen.

Deshalb ist es wichtig, dass Sie, liebe Leser, die folgenden Seiten mit dem Gedanken genießen, dass es sich hier um meine persönlichen Erfahrungen handelt. Es steht Ihnen frei, die Dinge, wie ich sie handhabe, auszuprobieren. Vielleicht funktioniert es bei einigen von Ihnen oder es zeigt Ihnen neue Möglichkeiten auf, mit den Naturwesen in Kontakt zu treten. Auch das Meditieren ist ein guter Einstieg, denn Naturwesen schätzen es sehr, wenn ein Mensch sich die Zeit nimmt, um in die Ruhe zu kommen – zu sich kommen, im Gras sitzen, die Wolken beobachten, den Wind fühlen, dem Blätterrascheln lauschen, den Boden unter den nackten Füßen spüren – und irgendwann sind sie da. Geduld scheint sowieso eines ihrer Lieblingswörter zu sein.

Die Anwesenheit von Naturwesen erkennen

Naturwesen sind ständig um uns herum; sie leben in unseren Häusern als Hausgeister oder in den Zimmerpflanzen als Pflanzenfeen, -elfen oder -zwerge. Sie reinigen die Luft, die wir atmen, drinnen wie draußen. Sie sind in den Feuern, die wir anzünden und im Wasser, welches wir trinken und zur Reinigung benötigen.

Behandelt man sie mit Respekt und dankt ihnen für ihre Dienste, so wird man dies schnell fühlen. Naturwesen haben ihre eigene Art, sich bemerkbar zu machen.

Hier sind einige der auffälligsten Merkmale ihrer Anwesenheit. Es gilt zu beachten, dass es sich hier vor allem um allgemeingültige Erkennungsmerkmale handelt und dass diese auch von Mensch zu Mensch wieder unterschiedlich sein können:

Feen, Elfen und sonstige Luftwesen bedienen sich gerne des Flatterns neben den Ohren. Oftmals konnte ich beobachten, wie sie dies mit ihren Flügeln tun. Oder aber sie lassen die Luft lustige Wirbel um unsere Köpfe drehen. Was dies anbelangt können sie sehr einfallsreich sein.

Auch sind sie von Natur aus eher sanfte Wesen und so sind ihre Erscheinungsbilder oftmals von zarter Gestalt. Sie mögen helle und klare Farbtöne, sowie Flöten und andere Blasinstrumente. Ihre Domäne ist der Geist und so fördert die Zusammenarbeit mit ihnen auch den Gedankenfluss.

Eine weitere Art der Naturwesen ist, sich durch Pfeiftöne bemerkbar zu machen. Dies kann gelegentlich als unangenehm empfunden werden, ist aber nicht (immer) ihre Absicht. Jene hohen Töne können entstehen, wenn es zum Kontakt ihrer Aura mit der Aura eines Menschen kommt. Das Pfeifen lässt aber wieder nach, sobald die beiden unterschiedlichen Schwingungen sich einander angepasst haben – oder der Mensch ihnen zuhört.

Selbstverständlich kann das Pfeifen auch von einem Tinnitus, Druckausgleich oder anderen, seelischen Problemen herrühren.

Eine ebenfalls bereits bekannte Sichtung sind die Lichtpunkte, man kennt sie auch als Orbs. Dabei handelt es sich oftmals um Engel, aber auch Naturwesen bedienen sich gelegentlich deren Erscheinungsbild.

Häufiger allerdings zeigen sich die Naturwesen durch Lichtfäden. Oftmals werden sie für herumschwebende Staubfäden gehalten. Das geübte Auge erkennt aber nach einer Weile den Unterschied.

Wollen die Naturwesen sofort bemerkt werden, da sie vielleicht etwas mitzuteilen haben oder wir sie zu wenig beachtet haben, ist das Umwerfen oder Bewegen von Gegenständen eine beliebte Taktik. Selbstverständlich reden wir hier nicht gleich von Stühlen oder sonstigen schweren Objekten. In der Regel sind es Blätter, die herumfliegen oder von Tischen fallen. Vorhänge, die sich bewegen, Bilder können von den Wänden fallen (dabei muss es sich aber um etwas Wichtiges handeln). All dies geschieht natürlich ohne einen Luftzug von außerhalb.

Sind die Naturwesen in einem Haus zufrieden, stellt man fest, dass Blumen besonders lange und oft blühen. Auch Pflanzen gedeihen besser und kräftiger, ihre Widerstandskraft wird größer und oftmals kommen sie länger ohne Wasser aus.

Aber auch der positive Einfluss auf die Emotionen der Menschen ist auffällig. Als kleiner Tipp: wenn Streit in der Familie oder Partnerschaft herrscht, einfach die Naturwesen um ihren positiven Einfluss bitten und sehen was passiert. Aber nicht vergessen, ihnen ein kleines Geschenk dafür anzubieten.

Manchmal kommt es vor, dass einem plötzlich ein seltsamer Geruch in die Nase dringt. Die Fenster sind geschlossen und trotzdem riecht man Holz-, Feuer- oder Erdgeruch. Aber auch die Düfte von Blumen und, bei selteneren Gelegenheiten, Gemüse werden immer wieder wahrgenommen. Diese Gerüche sind häufige Begleiterscheinungen von Naturwesen.

Natürlich reagiert auch der Körper auf ihre Anwesenheit. Wollen Naturwesen mit einem Menschen Kontakt aufnehmen, fühlt die betreffende Person oft ein Kribbeln am Körper. Die Körperhaare stellen sich auf, Kälte- oder Wärmegefühle können aufkommen. Oder das Gefühl, es stehe jemand hinter einem. Berührungen werden wahrgenommen, gleich einer Feder, welche über die Haut streicht.

Tempelzwerg

Hat man mit einem (oder mehreren) dieser Wesen Freundschaft geschlossen, macht sich dieses auf seine eigene Art bemerkbar. Die eine Fee kommt vielleicht immer mit einem Flattern an den Ohren und einem Antippen auf die Schulter. Der Zwerg kann mit einem typischen Erdgeruch kommen und zum Beispiel Dinge umwerfen, wenn er nicht beachtet wird. Diese Angewohnheiten können sich beliebig ändern und sich selbstverständlich den Situationen und Menschen anpassen.

Allerdings sollte einem bewusst sein, dass nicht hinter jedem kleinen Geräusch gleich ein Naturwesen steckt. Es gibt immer noch das „gewöhnliche“ Windrauschen, ohne dass ein Wesen dieses erzeugt. Auch können Gegenstände umfallen ohne Mithilfe von unseren unsichtbaren Mitbewohnern. Hier muss man lernen seinen eigenen Gefühlen zu vertrauen. Die Abläufe beobachten, immer und immer wieder, und sich selbst bewusst werden, wie man in der Gegenwart von Naturwesen reagiert. Manche Menschen vergessen zu atmen, werden unruhig oder das genaue Gegenteil ist der Fall – sie werden ganz entspannt. Und manchmal ist es auch einigen Menschen einfach nicht vergönnt, mit diesen Wesen in Kontakt zu treten. Weshalb dies der Fall ist, kann nicht genau gesagt werden.

In Kontakt sein

Unsere „unsichtbaren“ Mitbewohner sind von Natur aus fröhliche und neugierige Wesen. Sie lieben es zu singen, zu tanzen, zu lachen und sich Geschichten zu erzählen. So ist es auch nicht verwunderlich, dass sie besonders die Nähe zu Kindern suchen. Das Herz eines Kindes ist noch offen und rein, ihr Glaube an andere Wesen noch frisch. Naturwesen fühlen sich automatisch zu Menschen hingezogen, welche in Frieden mit sich und der Umwelt leben. Gewalt ist ihnen ein Gräuel. Diese macht sie traurig und deshalb distanzieren sie sich davon. Wenn man sich also in einem Krisengebiet aufhält, ist es nicht unüblich, dass dort auch die Pflanzen nicht mehr richtig gedeihen (es liegt nicht nur an der Zerstörung des Lebensraumes)!

Wenn ich nun gefragt werde, seit wann ich mit den Naturwesen kommuniziere, kann ich nur mit einem Schulterzucken antworten. Sie waren einfach immer da; bunte, lustige Wesen, voller Lebensfreude und Fantasie. Gemeinsam tauchen wir auf den Grund der Meere, schweben auf den Wolken, durchwandern den Leib der Erde und tanzen mit den Flammen.

Wie das denn abläuft, ist oft die nächste Frage. Auch darauf fällt mir die Antwort schwer. Es geht einfach. So wie der Körper selbstständig atmet, so spreche ich mit meinen „unsichtbaren“ Freunden. Natürlich versuche ich immer wieder Erklärungen zu finden. Mittlerweile bin ich aber zu dem Punkt gekommen, wo ich glaube, dass nicht Hinterfragen der Schlüssel ist. Und so lasse ich es stehen.

Den Zugang zum Reich der Naturwesen muss jeder Mensch für sich selbst entdecken. Man kann die Leute heranführen, aber sehen und hören müssen sie immer noch selbst. Wenn ihre Welt als ein Teil von unserer Welt erkannt wird, gewähren sie einem Einlass. Wenn man die Naturwesen mit dem Herzen sehen will und den Verstand beiseite lässt, empfangen sie einen mit offenen Armen.

Will man mit den Naturwesen in Kontakt treten, muss man sich bewusst sein, dass es sehr eigenwillige und feinfühlige Wesen sind. Mangelnde Achtung vor dem Leben ist für sie unbegreiflich. Auch untereinander geht nichts ohne Respekt. *„Lieber überschlage ich mich vor Höflichkeit, als dass ich für respektlos gehalten werde“*, sagte mir einst der Zwerg Hunkapunka. *„Merke dir eins; bei den Feen und Elfen solltest du immer übertreiben und sie hofieren. Bei uns Zwergen hingegen musst du einfach ehrlich und deutlich sein – natürlich auch in einem angemessenen Tonfall“*, meinte er augenzwinkernd.

Ich nahm mir seinen Rat zu Herzen und dafür wurden mir die Türen geöffnet. Zum Glück sind die Naturwesen auch sehr nachsichtig gegenüber Missgeschicken. Ihre Geduld scheint manchmal grenzenlos.

Beim Kontakt mit ihnen muss einem aber bewusst sein, dass dieser Austausch Spuren hinterlässt. Man beginnt zu erkennen, dass sie uns ähnlicher sind, als wir denken. Man beginnt die Welt anders wahrzunehmen und verändert sich dadurch unweigerlich.

Am liebsten halten sich die Naturwesen unter freiem Himmel auf. Es ist also auch ein Zeichen von Respekt, wenn man in den Wald oder auf eine Wiese geht, um mit ihnen zu sprechen. Natürlich kommt es immer noch auf das Wesen selbst an.

So habe ich zum Beispiel die Erfahrung gemacht, dass unser Hausgeist eine Vorliebe für Honigschnitten hat.

Während der Baumgeist in unserem Garten sich immer über eine Umarmung freut (was Bäume im Allgemeinen lieben). Ich bringe ihnen von Zeit zu Zeit kleine Geschenke mit; manchmal etwas Tabak, weißen Salbei, einen Stein, etwas zum Essen, ein Stück Stoff ... all diese Mitbringsel erfreuen sich bei ihnen großer Beliebtheit. Der Fantasie sind also keine Grenzen gesetzt, denn alles, was von HERZEN kommt, gefällt den Naturwesen. Und dann gibt es immer noch die Sprache. Das Singen eines Liedes oder einfach mit diesen Wesen sprechen, wie wenn es gute Freunde wären. Irgendwie erhält man immer eine Antwort. Seien es Bilder, Gefühle, Gedanken oder sonstige Zeichen.

Ich finde, dass die persönliche Haltung zum Leben eine essenzielle Rolle spielt. Aus meiner Sicht wird es dadurch möglich, dass die Naturwesen sich einem zeigen.

Jeden Tag bedanke ich mich aufs Neue für das Leben. Ich setze mich hin und sage Danke zu Mutter Erde, den Elementen, all den Wesenheiten, den Ahnen und Mitmenschen, Pflanzen und Tieren. Ich bin dankbar für die Erkenntnisse, die der Tag mir gebracht hat, und für die Erfahrungen, welche ich durchleben darf. Es ist dies mein eigenes kleines Ritual, aber auch ein Zeichen der Achtung gegenüber allem Sein. Natürlich steht es jedem Menschen frei, ob er dies tun möchte, aber eines kann ich sagen: Würde ich all diese wundervollen Dinge als selbstverständlich erachten, würden die Naturwesen nicht mit mir arbeiten!

Und dies ist die erste und größte Hürde, die man auf sich nehmen muss, will man mit den Naturwesen wahrhaftig Kontakt aufnehmen. Diese Gefühle und diesen tiefen Respekt kann man nicht einfach „einschalten“. Es ist etwas, das wächst. Irgendwann geht man barfuß über eine

Wiese und verspürt eine solche Liebe zu allen Gräsern und Insekten und ist dankbar für ihr Wirken. Irgendwann erkennt man auch, dass der Mensch mit jedem Schritt Leben zerstört: seien dies winzig kleine Organismen, Pflanzen und Insekten. Alle diese Wesen sterben, damit der Mensch auf der Erde gehen kann. Dieser Gedanke mag anfangs etwas verstörend sein, aber auch damit kann man seinen Frieden finden und irgendwann diese Tatsache akzeptieren.

Sie sehen, liebe Leser, die Zusammenarbeit mit den Naturwesen hat auch mich stark geprägt. Sie hat mich offen für die kleinsten und größten Dinge gemacht und so kommen wir zum letzten Punkt, welcher beim Austausch mit diesen Wesen von Bedeutung ist: die Bereitschaft zur Veränderung. Denn wer sich selbst nicht erfahren möchte und Angst vor seinem Innersten hat, der sollte sich aus den Reichen der Naturwesen fernhalten. Nicht oft findet man nämlich so viel Selbstreflexion wie bei diesen Wesen.

Wir alle haben eine Verantwortung gegenüber der Erde und ihren Bewohnern – den sichtbaren sowie den unsichtbaren. So möchte ich also mit einem berühmten Zitat von Chief Seattle abschließen: *Denn die Erde gehört uns nicht, wir gehören der Erde.*

Aussprache einiger Namen

Ahalljon	A halljon
Bahach	Bahasscchh
Da’ada	Da h adaa
Da’adai	Da h adaai
DuDuon	DuuDuonn
Hacok	(H)Acok
Jahcha	Jahch(lang gedehnt gesprochen)a
Lizzah	Lizzahhh
Mihjan	Miihjann
Ninajei	Ninahei
Tahachian	Ta ha chian
Veischa	Veisscchhaa

Duane Elgin

Das Lebende Universum

Alles Existierende beeinflusst auf positive und negative Weise das Universum und es reagiert darauf, denn es ist bewusst.

ISBN 978-3-941435-04-9, 248 S. € 18,50

Marta Williams

Lautlose Sprache -
Intuitive Kommunikation mit Tieren und Natur-Ein Übungsbuch

Berührende Beispiele und einfache Übungen, um unsere Verbindung mit allem Leben tief in uns zu erfahren.

ISBN 978-3-926388-73-5, 339 S., geb… .€ 18,50

Verena Wymann

Gespräche mit Wildtieren

Es gibt zahlreiche Tiersendungen, doch keine Berichte, was Wildtiere selbst zu sagen haben. Interessante, ungewöhnliche Berichte.

ISBN 978-3-941435-07-0, 175 S. € 16,50

Elke Leisgang

Gute Kräfte stärken dich

Liebe, Bewusstsein, Vertrauen – diese Qualitäten sind stets in uns. Wir müssen sie nur (wieder)- entdecken.

ISBN 978-3-941435-35-3, 150 S. € 12,50

Isha Judd

Die Intelligenz der Liebe

Was die Liebe behindert, was sie entfesselt, wie sie das Leben tief verwandelt.

Illusionen im Leben ablegen wie „Ich bin allein“ „Ich habe nicht genug behindern ein erfülltes Leben.

ISBN 978-3-941435-24-7, geb. ,200 S. € 18,50

Mike Lingenfelter & David Frei

Der Engel an meiner Seite

Die wahre und berührende Geschichte eines Therapie-Hundes, der sein Herrchen vor Herzattacken schützt und die erste Medaille eines Menschenfreundes erhält.

ISBN 978-3-926388-95-7, 200 S. € 18,50

Kermie Wohlenhaus, Ph.D.

Hallo, Schutzengel, hörst du mich?

Wie wir mit unseren Beschützern klar kommunizieren können.

Mit einfachen Übungen und vielen Fallgeschichten.

ISBN 978-3-941435-60-5, 160 S., € 16,95

Atasha Fyfe

Reinkarnation

Die Heilkraft früherer Leben nutzen

Bewusst gemachte positive Erfahrungen aus Vorleben lassen sich im heutigen Leben nutzen.

ISBN 978-3-941435-36-0, 296 S. € 18,50